franckh Reiterbibliothek

Anke Schwörer

Das Islandpferd

Geschichte - Zucht - Haltung - Sport

Franckh-Kosmos

Mit 36 Fotos von Wolfgang Jung (3), Marius van den Bergh Weerman (4) und Anke und Martin Schwörer (29) sowie 29 Zeichnungen von Gerhard Kapitzke (28) und aus dem Archiv (1).

Umschlaggestaltung von Kaselow Design, München, unter Verwendung einer Aufnahme von Kurt Fischer

CIP-Titelaufnahme der Deutschen Bibliothek

Schwörer, Anke:
Das Islandpferd: Geschichte – Zucht – Haltung – Sport / Anke Schwörer. – Stuttgart: Franckh, 1988
  (Franckh Reiterbibliothek)
  ISBN 3-440-05805-0

Das Islandpferd

Einleitung

Islandpferde – kleine, eher stämmige Tiere mit einem Stockmaß von rund 138 cm, temperamentvoll und charakterfest.

Islandpferde – die einzige Rasse Europas, die außer über Schritt, Trab und Galopp über zwei weitere Gangarten verfügt.

Islandpferde – strubbelige »Bären«, die man das ganze Jahr über in der Herde im Freien – »hinterm Haus« – halten kann.

Der Kreis der Islandpferdefreunde ist in den letzten Jahren ständig gewachsen. Das liegt zum einen sicher daran, daß vor allem die Leistungen, zu denen diese kleinen Pferde fähig sind, und die Beschäftigung mit ihren Gangarten faszinieren. Zum anderen haben sich die Islandpferde aber vor allem *die* Reiter erobert, die sich bewußt vom konventionellen Reiten abgewandt haben, sich bewußt für die sogenannte »Reiterei des zweiten Weges« entschieden haben. Diese Reiter wollen mit ihren Pferden leben und ihre Freizeit mit ihnen gemeinsam erleben. Sie genießen den täglichen Kontakt mit ihrem Pferd, und sei es auch nur für einen kurzen Moment über den Zaun.

Islandpferde sind zudem ideale Familienpferde. Für jeden Anspruch und jedes Talent kann das richtige Tier gefunden werden. Gemeinsame Ausritte mit der Familie oder mit Freunden können auch für den weniger geübten Reiter zum Vergnügen werden. Und nicht zuletzt gibt es unter den Island-pferden auch viele »Spezialisten«, die turnierbegeisterte Jugendliche und Erwachsene zufriedenstellen und fesseln können.

Dieses Buch soll all jenen, die bisher noch nicht zu den Islandpferde-Freunden und -Reitern gehören, den Umgang mit der Rasse und den Einstieg in die »Szene« erleichtern. Es hält aber vielleicht auch für jene, die schon seit vielen Jahren dabei sind, den einen oder anderen Tip parat.

Es wurde versucht, die noch recht junge Geschichte der Islandpferde bei uns nachzuzeichnen – zum Schmökern für alle jene, die dabei waren, und zur Information für die anderen.
Obwohl dieses Buch keine Reitlehre sein will, wurden doch einige Themen einer solchen, so zum Beispiel Ausbildung, Haltung und Fütterung, bewußt aufgenommen, da nicht wenige Islandpferdebesitzer zu solchen wurden, ohne vorher vertiefte Kenntnisse über Reiten und Pferdehaltung zu haben.

Die Geschichte des Islandpferdes

Der Weg der Pferde nach Island

Im 9. Jahrhundert verließen norwegische Bauern ihre Höfe und machten sich mit Drachenbooten auf die Suche nach neuem Land. Ingolfur Arnason steuerte mit einigen wenigen Anhängern die Insel Island an. Er hatte Norwegen verlassen, um der Herrschaft des Königs Harald Schönhaar zu entgehen. Neben Vieh und Hausrat hatten die Wikinger auch ihre Pferde mit in die neue Heimat genommen, die dem Typ des Germanenponys entsprachen. Ihre Ausfälle an Sklaven und Pferden ersetzten die Norweger bei Zwischenlandungen in Nordschottland. Auf diese Weise gelangten auch einige wenige Exemplare des dortigen Keltenponys nach Island. Die Nachfahren der Keltenponys konnten allerdings aufgrund der hohen Luftfeuchtigkeit nur auf der nördlichen Inselhälfte existieren. Mit den Tieren fanden auch die alten Überlieferungen der Religion ihren Weg nach Island. Das Pferd galt als heiliges Tier, und man trug Talismane mit seinem Abbild. Sleipnir, der Hengst Odins beispielsweise, war achtbeinig und überirdisch schnell. Das Pferd war Fruchtbarkeitssymbol und Sinnbild der Dichtkunst. In der neuen Heimat wurde es erneut zum Würdezeichen der Anführer und zum Machtsymbol. Niemand durfte das heilige Tier berühren – darauf stand die Todesstrafe –, und die getreuen Vierbeiner folgten ihren Besitzern sogar ins Grab.

Mensch und Tier sind aufeinander angewiesen

Untrennbar war das Leben der Menschen in Island mit den Pferden verbunden, und ohne sie wäre die Insel gänzlich unbewohnbar gewesen. In keinem Land des Nordens ist es so schwierig zu reisen wie in Island. Über unwegsame, rauhe Hochebenen, Gletscher, Lava und durch reißende Ströme war der Mensch während vieler Jahrhunderte auf einen treuen, ausdauernden Kameraden angewiesen. Durch das Pferd waren die weit verstreuten Siedlungen miteinander verbunden. Mensch und Tier verrichteten alle anfallende Arbeit gemeinsam. Beim Schaftrieb im Frühjahr und Herbst, beim Heu-, Gras- oder Holztransport, nie kam der Bauer ohne den Vierbeiner aus. Alle Lasten wurden in Packsätteln getragen. Und die Sleipnirs, Stjarnis, Odinns … oder wie immer sie hießen, begleiteten den Bauern auf dem Besuch beim Nachbarn, trugen ihn zur Weihestätte oder in die Kirche, dienten zum Krankentransport und trugen den Toten auf dem Weg zu seiner letzten Ruhestätte.

Das Pferd war aber nicht nur Arbeitstier auf dem Hof, es war auch Kamerad und Statussymbol. Bei der Wahl seines Reittieres achtete ein Bauer sehr auf Qualität. Oft stand auch der Bäuerin ein besonderes Exemplar zu, und bei den »Frauenpferden« achtete man sowohl auf den guten Gang als auch auf Verläßlichkeit und Charakter.

Das Pferd, ein Teil der Geschichte

Mit der Gründung des Althings, der ältesten gesetzgebenden Versammlung, im Jahr 930 wurde die erste Siedlungsperiode Islands abgeschlossen. Jährlich tagte von dieser Zeit an der Althing in einer zweiwöchigen Sitzungsperiode in Thingvellir an der Öxará. Auf den Treffen wurden wichtige Gesetze erlassen und die künftige Politik des Landes bestimmt: Hier wurde beispielsweise auch das Gesetz über Einfuhrstop für Pferde erlassen, das zu der beinahe 1000jährigen Isolationszucht führte, der die Rasse soviel zu verdanken hat. Daneben wurde auch ausgiebig gefeiert. Das Rahmenprogramm bestand seit alters in Pferdekämpfen, Pferdemärkten, Pferdeschauen, Spielen und jeder Form von Unterhaltung. Vor allem bei den Hengstkämpfen und Rennen, mit denen nicht selten Streitigkeiten unter den Bewohnern der Insel ausgetragen wurden, führte die Identifizierung mit den Kampfhengsten oder Rennpferden zuweilen zu tatkräftigen Auseinandersetzungen unter den Zuschauern. 1592 wurden die oft recht grausamen Hengstkämpfe durch eine Synode des Klerus verboten. Der letzte schriftlich belegte Hengstkampf in Island fand 1623 statt.

1262 war die Zeit des isländischen Freistaates zu Ende. Die außergewöhnliche Insel im Polarmeer wurde zunächst bis 1380 von den Norwegern und dann von den Dänen regiert. Naturkatastrophen und Seuchen erschütterten den Inselstaat. Die dänische Regierung erwog sogar mehrfach eine Zwangsevakuierung der von Pest und Hungersnot geplagten Einwohner der unwirtlichen Insel. 1783 fand der größte Vulkanausbruch im Süden der Insel statt. Er verminderte den Pferdebestand Islands von 32000 auf 8500. Die Tiere starben dabei weniger durch direkte Vulkanwirkung, sondern vielmehr an der Weidevergiftung durch den Ascheregen. Wetterstürze, Schneestürme und Nebel taten das ihrige, um den Bestand der Rasse zu dezimieren.

Dunkle Zeiten

Den Beginn der Industrialisierung bezeichnen viele Isländer heute als eine Zeit, in der die »Wikingpferde, die einst die Dichter beflügelt hatten, tiefe Erniedrigung ertragen mußten«. Die einst stolzen und temperamentvollen Pferde mußten Karren ziehen und Eis für die Fischdampfer schleppen. Man brauchte sie zum Entladen der Schiffe, und schließlich wurden sie selbst in dunklen Schiffsladeräumen ins Ausland transportiert, wo sie, oft erblindet, unter der Erde Kohlenlasten zogen. Auch in Island kam die Zeit, in der es schick war, ein Auto zu besitzen. Trotzdem nahm man zur Sicherheit immer noch Pferde mit, um das Automobil aus Flüssen und Sumpflöchern herauszuziehen. Bis auf wenige Ausnahmen standen die Isländer in dieser Zeit ihren Pferden und deren Qualitäten gleichgültig gegenüber.

Die Renaissance

Als es jedoch nichts mehr Besonderes war, über ein motorisiertes Vehikel zu verfügen, gab es plötzlich den einen oder anderen in Island, der sich auf die glorreiche Vergangenheit besann. Das Pferd wurde erneut zum Statussymbol, das Reiten zum Volkssport. Man gründete Vereine, führte Körungen ein, achtete auf fachgerechtes Zureiten und hielt »Hestamót« (Pferdetreffen). Heute gibt es auf der Insel viele Vereine, in denen etwa siebentausend Reiter organisiert sind. Allein in den Stallungen des Clubs Fákur in Reykjavik sind über tausend Reitpferde untergebracht. Die Reitervereine Islands sind im »Nationalen Reitclub-Verband« zusammengeschlossen. Dieser Verband organisiert, zusammen mit der Landwirtschaftskammer Islands, alle vier Jahre das weit über Island hinaus bekannte Landestreffen der Pferdezüchter und -reiter: das Landsmót.

Das größte Reitsportereignis der Insel

1950 fand das erste Landsmót an der historischen Thingstätte der Isländer, in Thingvellir, statt. Es wurde ein großer Erfolg, die Reiter kamen aus allen Landesteilen. Selbst aus dem Norden, von Akureyri, reisten 25 Reiter mit 100 Pferden an. Seither ist das Treffen zu einer festen Einrichtung geworden. Es findet alle vier Jahre, immer im Wechsel, einmal im Norden und einmal im Süden des Landes, statt.

Das siebte Landsmót, 1974 in Vindheimamelar im Skagafjördur, lockte erstmals internationale Gäste an. Um die vielen hundert Pferde aller isländischen Reitervereine bei der Eröffnungsparade, den Rennen und den Wettkämpfen zu erleben, reisen Pferdebegeisterte aus allen Gegenden Islands und vielen Ländern Europas zum Pferdetreffen. Schon der Anblick der weitläufigen Turniergelände und der mehreren tausend Pferde, die in der Vielfalt der isländischen Pferdefarben die Turnierweiden bevölkern, entschädigen für lange Anreisewege.

Anläßlich des Landsmóts wird alle vier Jahre auch die Hauptkörung des Landes durchgeführt. Teilnahmeberechtigt sind nur Zuchttiere, die Gnade vor den Augen des Zuchtexperten der Landwirtschaftskammer gefunden haben, der schon lange vor dem Treffen das ganze Land bereist. Hauptattraktion des Landsmóts ist die Auswahl der besten Zuchthengste mit Nachkommen.

Zwischen den Landsmóts, die abwechselnd in den verschiedenen Zuchtgegenden Islands stattfinden, werden in den vier Landesteilen jährlich sogenannte Vierteltreffen ausgetragen. Da außerdem jeder der Reitclubs ein eigenes Turnier ausrichtet, wurde ein nationaler Sonderausschuß mit der Terminplanung beauftragt. Von April bis Ende Juni finden an jedem Wochenende diverse Pferdetreffen statt.

Ende der sechziger Jahre wurde die Vereinigung der sogenannten »Tamingamanna« (»Zahmmachemänner«) in Island gegründet. Mitglieder dieser Bereitervereinigung, zu erkennen an den »island-blauen« Reitjacken und dem silbernen »T« am Revers, bemühen sich um die korrekte Ausbildung von Jungpferden und darum, durch Reitkurse das reiterliche Niveau auf der Insel zu heben.

Abb. 1: Anmarsch zum Landsmót. Auch heute noch werden die Pferde nicht per Lastwagen oder Anhänger antransportiert, sondern Reitergruppen aus allen Teilen des Landes machen sich schon Tage vor dem Pferdetreffen mitsamt ihren Packpferden auf den Weg dorthin.

für Expeditionen dienten. Im Jahr 1946 erfolgte ein Großtransport von 1200 Pferden nach Polen. Sie wurden dort zur Blutauffrischung in der polnischen Kleinpferdezucht eingesetzt.

Der beschwerliche Rückweg des Isländers auf den Kontinent

Der erste nachgewiesene »Großexport« von Pferden aus Island wurde im Jahr 1851 nach England getätigt. Zwischen 1880 und 1920 blühte der Handel mit Arbeitstieren für die Kohlegruben der aufstrebenden Industrienation Großbritannien. Bis zu 3000 Pferde wurden im Jahr verschifft. Nach 1920 exportierte Island einige Tiere nach Grönland, wo sie zunächst als Transport- und später als Nahrungsmittel

Islandpferde für die Bundesrepublik

Vor dem Jahr 1950 gab es in der Bundesrepublik neben einigen privaten Liebhabern vor allem zwei Großbetriebe, die Islandpferde hielten: Auf dem Heidhof der Warendorf'schen Erben in Hänigsen (Hannover) wurden sie zu Arbeitsversuchen eingesetzt, und der Naturforscher Ebhardt hielt eine Herde zu Beobachtungszwecken. Als Reitpferd wurde der Isländer in der Bundesrepublik erst nach dem Zweiten

Weltkrieg populär. Wesentlichen Anteil an seiner Ausbreitung hatte die Schriftstellerin Ursula Bruns, die als ausgebildete Reitlehrerin 1949 erstmals mit der nordischen Rasse in Kontakt kam. Für die Verfilmung ihres Bestsellers »Dick und Dalli und die Ponys« (Filmtitel: »Die Mädels vom Immenhof«) erstand sie die ersten Islandpferde. Das Filmpublikum wurde mit der Rasse Islandpferd vertraut gemacht. Vor allem eine ungewollte Aktion zur »Rettung von Fohlen vor dem Schlachtmesser« löste dann einen wahren Kaufboom auf dem Kontinent aus. Seitens der Fachleute fand die kleine, struppige Rasse mit den komischen Gängen anfangs wenig Freunde und Gönner.

Isländer in Österreich und der Schweiz

Nach Österreich wurden in den Jahren 1958 und 1959 die ersten Islandponys eingeführt. Die beiden Pferdedamen *Hela* und *Hara* machten in der Großstadt Wien vor allem vor der Kutsche auf sich aufmerksam. Für Werbung, Information und Beratung war der »Österreichische Arbeitskreis Islandpony« gegründet worden, und als Publikationsorgan gab man die sogenannten »pony-briefe« heraus. Im Februar 1963 gründeten die Eidgenossen in Zürich den »Schweizer Pony-Klub«, und im April desselben Jahres landete der erste große Pony-Luft-Transport mit 45 Islandpferden auf dem Flughafen Zürich-Kloten. Dieser Luft-Transport sollte bei weitem nicht der letzte sein.

Die ersten Jahre mit der neuen Rasse

In den fünfziger Jahren galt die Beschäftigung der ersten Islandpferdebesitzer hauptsächlich den Gangarten der neuen Rasse. Ursula Bruns versorgte die Interessenten mit Informationen aus dem Mutterland des Islandpferdes. Über die ersten Islandpferdetreffen im Jahr 1959 berichtete sie ausführlich in der *Pony Post*.

Diese 1958 gegründete Zeitschrift begleitete die Islandpferdepioniere bei ihren ersten Versuchen. Der *Deutsche Pony Club e.V.* wurde ins Leben gerufen, und ab 1960 wurden zu Pfingsten in Schlichtern Pony-Treffen ausgeschrieben.

Im Juni 1968 wurde aus dem *Deutschen Pony Klub e.V.* die *Island-Pferde-Züchter und Besitzervereinigung e.V.* (IPZV). In den kommenden Jahren bemühten sich die Freunde des Islandpferdes intensiv, eine für ihre Rasse geeignete Form des Turnierreitens zu entwickeln. Es wurde eine vereinseigene Zeitschrift *Das Islandpferd* gegründet, und 1970 wurden vom damaligen IPZV-Sportwart Walter Feldmann die ersten Töltmeisterschaften auf der ovalen Aschenbahn ausgetragen. Ebenfalls 1970 fanden die ersten Europameisterschaften für Islandpferde in Aegidienberg statt. Die teilnehmenden Länder waren damals Island, Dänemark, Schweiz, Österreich, die Niederlande und die Bundesrepublik. Die IPZV ist heute der FN (der Deutschen Reiterlichen Vereinigung) kooperativ angeschlossen. Es wurde ihr das Recht eingeräumt, eine eigene Prüfungsordnung für Sport- und Zuchtpferde, eine eigene Ausbildungsordnung für Sport- und Materialrichter, für Übungsleiter (Trainer B) und Reitlehrer (Trainer A) sowie für die Reitabzeichenprüfungen auszuarbeiten. Alle diese Regularien sind in der IPO (angelehnt an die LPO) festgehalten. Außerdem verfügt die IPZV über eine eigene Vereinsstruktur mit Ortsvereinen, Landesverbänden und Dachverband. Sie bietet ihren Mitgliedern günstige Versicherungsbedingungen und vieles mehr.

Abb. 2: Das Zeichen der FEIF, der Föderation europäischer Islandpferdefreunde: die erhobenen Arme des Reiters signalisieren ›Ich komme als Freund‹.

Die »europäische Einigung«

Die Repräsentanten der noch jungen Islandpferdevereine in Deutschland, der Schweiz, Österreich, Dänemark und Holland beschlossen im Mai 1969, zusammen mit Island eine Föderation der Freunde des Islandpferdes ins Leben zu rufen. Gunnar Jonsson aus Dänemark wurde beauftragt, die Statuten für einen solchen Zusammenschluß auszuarbeiten. Gleichzeitig wurde beschlossen, schon im Jahr 1970 die ersten Europameisterschaften auszutragen.

Auf der ersten offiziellen Delegiertenversammlung der »Föderation Europäischer Islandpferde-Freunde« (FEIF) im Frühjahr 1970 wurde die Satzung anerkannt. Danach fällt die FEIF-Delegiertenversammlung die Entscheidungen in allen Fragen, die den Sport und die Zucht von Islandpferden in Europa betreffen.

1971 wurden Norwegen und Frankreich Mitglieder in der FEIF. 1974 wurde von einem Ausschuß ein FEIF-Rassestandard des Islandpferdes erarbeitet. Mit der Verabschiedung dieses Standards sind die Islandpferde die erste Rasse der Welt, die in sämtlichen Ländern, in denen sie vertreten ist, nach den gleichen Kriterien beurteilt wird. 1976 fand der erste internationale Zuchtkongreß der FEIF in Hamburg statt. Diskutiert wurde die Zuchtrichterausbildung und die internationale Anerkennung nationaler Körergebnisse. 1983 trat Finnland als elftes Mitglied der FEIF bei. Gunnar Bjarnasson, der sich in besonderer Weise um die Verbreitung der Islandpferde auf dem Kontinent verdient gemacht hatte, wurde zum ersten Ehrenpräsidenten der FEIF gewählt. 1984 trat Kanada der FEIF bei, und es wurden die ersten Kontakte mit Großbritannien geknüpft. Heute betreut die FEIF über 25 000 eingetragene Islandpferde außerhalb ihres Mitglieds- und Originalzuchtlandes Island.

Der Tölt

Die unbekannte vierte Gangart

Von Beginn an galt die Beschäftigung der »Pioniere« auf dem Kontinent vor allem den beiden ungewöhnlichen Gangarten Tölt und Paß. Daß der Tölt und auch der Paß natürliche Gangarten sind, war für Leute, die sich mit der Rasse befaßten, von Anfang an keine Frage, konnte man doch Fohlen direkt nach der Geburt, aber auch noch viele Monate nachher auf der Weide tölten sehen. Es gab sogar Islandpferde, die selbst ein geübter Reiter nicht zum Traben brachte.

Nirgendwo gab es theoretische Untersuchungen über diese Art der Pferde, sich zu bewegen. Die Isländer, die wie alle Bauernvölker keine Theoretiker sind, waren es seit Jahrtausenden gewöhnt, daß ihre Pferde tölteten. Dort wurden keine Überlegungen über das »Wie« und »Warum« angestellt, die Gangart wurde einfach geritten.

Für die Reiter, die nicht mit der Gangart Tölt oder gar Paß aufgewachsen waren, stellten sich jedoch ganz unerwartete Probleme. Recht eindrücklich schildert beispielsweise Ursula Bruns ihre Verzweiflung, als ihr erster »Klassetölter« Sóti die begehrte Gangart einfach nicht mehr ging:

»Sóti ging irgend etwas Undefinierbares, und ich saß im Sattel und heulte. Ich weiß es, als wäre es gestern gewesen: Ich heulte wie ein Schloßhund! Da war ich nun, eine ausgewachsene deutsche Reitlehrerin, und mein Pferd töltete nicht mehr ...! Ich war der einzige Mensch in ganz Kontinentaleuropa, der einen isländischen Supertölter besaß – und ihn nicht reiten konnte! Sóti ging alles – nur keinen Tölt. Ich hatte ihn ›weggeritten‹! Kein Lehrer weit und breit ... Sóti ging etwas sehr Bequemes. Es war wie perlucca – perlacca, von rechts nach links schwingend, und er konnte es stundenlang gehen – aber ich

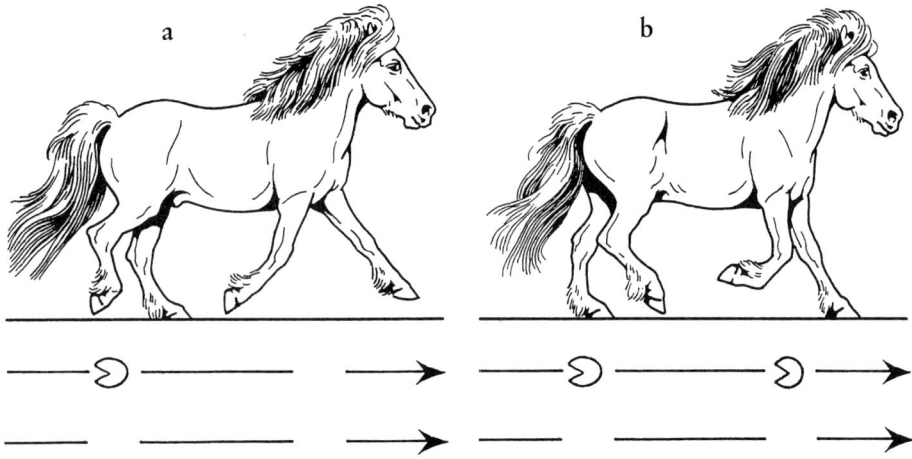

a   b

bin nun mal ein Perfektionist, und ich wollte tölten!«

Doch nicht nur der Wunsch zu tölten zwang die »Pioniere« auf dem Kontinent dazu, sich mit viel Energie an die theoretische Erforschung der Gangarten zu machen. Bei den deutschen Warmblutzüchtern, die sich zum Teil schon seit Generationen mit der Pferdezucht beschäftigten – man stelle sich nur einen gestandenen preußischen Kavalleristen vor –, und bei Vertretern anderer Ponyrassen stießen die faszinierenden Islandpferde mit den komischen Gängen auf wenig Gegenliebe.

Angesichts des Tölts sprach man von »Ponygezockel«, von »unsauberer Verschluderung der Normal-Gangarten« oder von einem »Getrippel zu kurz geratener Beine«. Und das konnte kein Islandpferdefan auf sich beruhen lassen. Die theoretische Erforschung der Gangart Tölt diente den Islandpferdefreunden also auch dazu, den Tölt als eine »eigenständige, korrekte, genau zu definierende vierte Gangart« in das Bewußtsein aller Pferdefreunde zu bringen.

Auf der Suche nach dem Tölt

Zunächst also wurde der Tölt »mit den Ohren« unterschieden. Lange Zeit war der für diese Gangart charakteristische, regelmäßige Viertakt – auf hartem Untergrund deutlich zu hören – für Reiter, Richter und Zuschauer die einzige untrügliche Möglichkeit, den »reinen« Gang zu erkennen. Aus diesem Grund wurden alle Töltprüfungen – sobald sich die Rasse in eigenen Sportveranstaltungen empanzipierte – auf der geteerten Straße durchgeführt.

Mit dem Sehen des Tölts, also mit dem visuellen Erkennen des reinen Gangs, taten sich die »Pioniere« zu

Abb. 3: Die Fuß- und Phasenfolge beim Tölt: a Einbeinstütze hinten links, b laterale Zweibeinstütze links, c Einbeinstütze vorne links, d diagonale Zweibeinstütze vorne links, hinten rechts, e Einbeinstütze hinten rechts, f laterale Zweibeinstütze rechts, g Einbeinstütze vorne rechts, h diagonale Zweibeinstütze vorne rechts, hinten links.

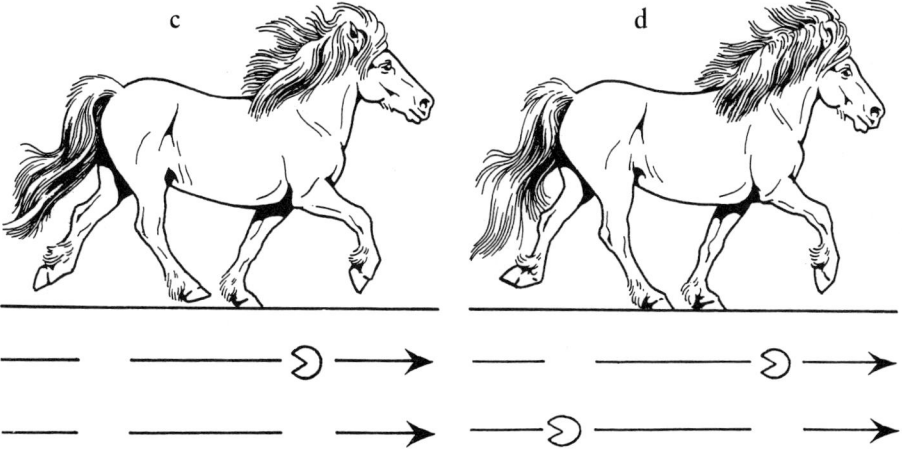

Beginn der Erforschung noch sehr schwer. Wertvolle Hilfe war ihnen anfangs der Fotoapparat. Später wurde dann eine Filmkamera verwendet, und die vier Beine des Pferdes wurden unterschiedlich markiert.

Die Fuß- und Phasenfolge des Tölts

Auf diese Weise kam man schließlich dem Geheimnis der Fußfolge im Tölt auf die Spur. Tölt ist ein Viertakt wie der Schritt und hat auch dieselbe Fußfolge wie der Schritt: hinten links, vorne links, hinten rechts, vorne rechts. Was den Tölt vom Schritt unterscheidet, zeigt sich in der sogenannten Phasenfolge, in der das Auf- und Abfußen der Pferdebeine genau beschrieben wird. Im Schritt stützt das Pferd sich abwechselnd mit drei und mit zwei Beinen auf dem Boden ab. Im Tölt hingegen gibt es die Dreibeinstütze nicht mehr, im Tölt stützt sich das Pferd abwechselnd mit einem und mit zwei Beinen auf dem Boden ab.

Der gute Tölter

Ein guter »Tölter« ist sehr bequem zu sitzen. Die im Verhältnis zu anderen Gangarten geringe Bewegung des Rückens macht es selbst einem ungeübten Reiter nicht schwer, entspannt und mühelos zu sitzen. Ein gut gerittener Tölter, der leicht, taktklar und flüssig geht, nimmt den Reiter angenehm »mit« in der Bewegung. Die optimale Haltung besteht im hoch aufgerichteten Hals (kein Unterhals) und gelöst getragenen Genick. Leichtes Annicken ist durchaus erwünscht. Dennoch wurde früh erkannt, daß nicht alle Tölter gleich bequem und gleich mühelos zu reiten waren.

Tölt – eine anspruchsvolle Gangart

Überhaupt schienen die Pferde in dieser Gangart gerade bei Reitern, die wenig Erfahrung hatten, extrem anfällig für Taktfehler zu sein (siehe das Problem von Ursula Bruns mit Sóti). Auf

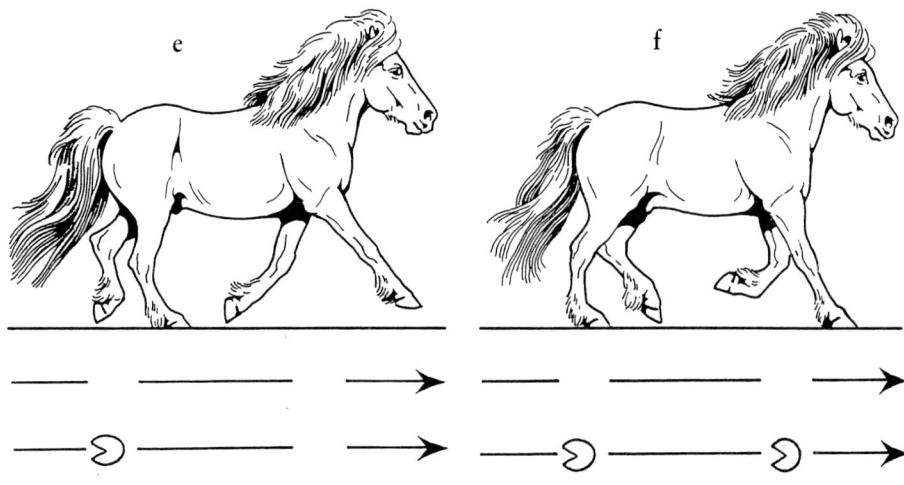

e   f

der Suche nach der Ursache wurden am Anfang beträchtliche Fehler gemacht. Man unterschied in der Pionierzeit, wie übrigens heute noch, den »Trab-Tölter« und den »Paß-Tölter«. Im Unterschied zu heute gab es damals aber auch noch eine dritte Variante der unbekannten Gangart: den »Schritt-Tölt«. Zudem waren die »Töltpioniere« der irrigen Meinung, daß »Trab-Tölt« und »Paß-Tölt« eine unterschiedliche Fußfolge hätten.

Bis in das Jahr 1967 dauerte es, bis erkannt wurde, daß die Fußfolge der Paßtölter und Trabtölter dieselbe ist: hinten links, vorne links, hinten rechts, vorne rechts, und daß der Unterschied zwischen beiden in den verschiedenen Abständen zwischen dem Auffußen der einzelnen Hufe liegt (Phasenfolge). Tölt ist nämlich, so war erkannt worden, die Gangart, die von der Fußfolge her genau zwischen Trab und Paß liegt. Im Trabtölt tendiert das Pferd, wie der Name sagt, mehr Richtung Trab. In der Phasenfolge wird also die diagonale Zweibeinstütze stärker betont. Im Paßtölt neigt das Pferd stärker in Richtung

Paß und betont die laterale Zweibeinstütze vermehrt.

Ganz kurz soll auf die Probleme des Reitens der verschiedenen Tölt-Pferdetypen eingegangen werden:

Pferde, die zum Paßtölt tendieren, erfordern einen gefühlvollen Reiter, der ein gutes Gespür für die Gangart entwickelt hat. Diese Pferde gehen nämlich entweder dann Paß, wenn sie verspannt sind, oder dann, wenn sie zu sehr auseinandergefallen, zu lasch, sind. Pferde, die zum Trab tendieren, lassen sich nur dann über längere Strecken in sauberem Takt tölten, wenn der Reiter gelernt hat, wie man ein Pferd korrekt »an die Hilfen stellt«. Die Erfahrung hat gelehrt, daß der nicht so sehr ambitionierte Freizeitreiter, der am Wochenende mit seinem Isländer durchs Gelände tölten will oder einmal einen gemütlichen Wanderritt mitmachen möchte, mit einem Paßtölter eher zurechtkommen kann als mit einem hartnäckigen »Trab-Tölter«. Trabtölter zu tölten braucht Ausdauer, viel Arbeit im Dressurviereck

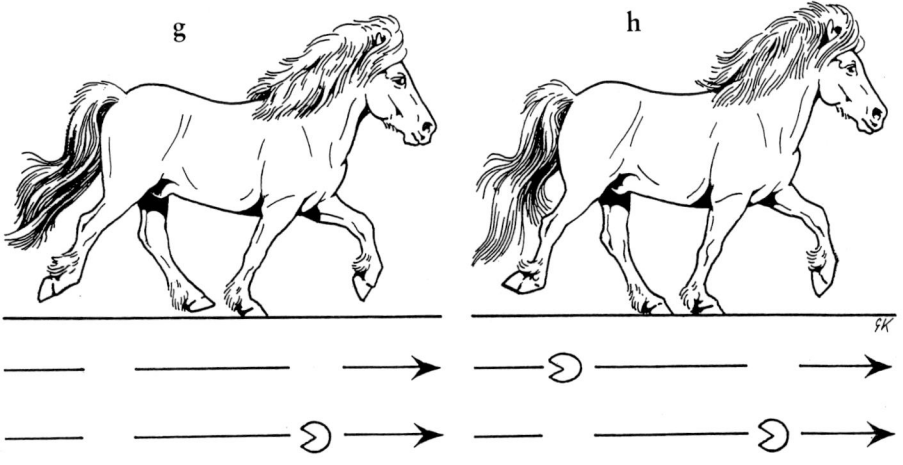

g   h

a   b

und Konsequenz. Eine vergnügliche »Kneipentour«, bei der alle Grundsätze über Bord geworfen werden, kann da die Arbeit vieler Wochen in kürzester Zeit kaputtmachen.

Ein Tölter kann seinen klaren Viertakt auch in Richtung Galopp verschieben. Man spricht dann von einer »Rolle« und, entsprechend den beiden »Händen« Linksgalopp und Rechtsgalopp, auf denen galoppiert werden kann, von einer »Rolle links« bzw. einer »Rolle rechts«. Eine Rolle deutet meist auf eine einseitige Steifheit des Pferdes und ein daraus resultierendes unterschiedliches Vortreten der Hinterhand hin.

Ein Fehler, von dem häufig im Zusammenhang mit Tölt oder Paß gesprochen wird, ist das »Wechseln«. Der Begriff »Wechseln« oder »Tribulieren« beschreibt folgenden Vorgang: Das Pferd kommt im Tölt oder Paß stark auf die Vorhand. Die Hinterhand kann das Gewicht nicht mehr übernehmen, weil entweder der Rücken zu stark verspannt ist und die Bewegung nicht mehr durchläßt, oder weil das Pferd zu lasch ist und die Hinterhand nicht genügend energisch zutritt und folglich das Gewicht der Vorhand nicht mehr tragen kann. Aus diesem »Dilemma« heraus vermittelt das Pferd, das mit dem Takt nicht mehr zurechtkommt, dem Reiter das Gefühl, als werfe es seine Beine durcheinander. Ein Gefühl, das man nicht treffender umschreiben kann, als es ein humorvoller bayrischer Islandpferde-Neuling tat, indem er das Wort »Gangartenverhau« verwendete. Der Grund des Gefühls: Die Vorhand ist, weil sie das meiste Gewicht übernimmt, lange Zeit am Boden. Das Auffußen der Hinterhand wird folglich so stark verzögert, daß das Pferd, um wieder ins Gleichgewicht zu kommen, einfach ein Hinterbein für den Bewegungsablauf ausläßt, um dann wieder normal weiterzulaufen.

Der ideale Tölter – die bequemste Gangart

Die Qualität des Tölts bestimmt überwiegend den Wert eines Islandpferdes. Eher rar und nicht nur bei Freizeitreitern besonders beliebt sind die soge-

c   d

Abb. 4: Die Übergänge zwischen den Gangarten Paß, Tölt und Trab: a taktklarer Paß, b Paßtölt, c taktklarer Tölt, d Trabtölt, e Trab.

e

nannten »Naturtölter«. Als »Naturtölter« bezeichnet man Pferde, die sich so gut im natürlichen Gleichgewicht befinden, daß sie mühelos im taktklaren Viertakt geritten werden können. Der perfekte Naturtölter tendiert weder zum Trab noch zum Paß und ist im Idealfall fähig, jedes Tempo zu gehen. Solche idealen Naturtölter, das zeigt schon die vorsichtige Formulierung, sind in ihrer Reinform sehr selten, denn im Prinzip hat jeder Tölter, egal ob Trab- oder Paßtölter, »sein Tempo«. Das heißt, in einer bestimmten Geschwindigkeit fällt es diesem Pferd

besonders leicht, sauber und taktklar zu tölten.

Diese Erkenntnis liefert auch eine logische Erklärung dafür, warum mit dem Aufkommen des Formationsreitens beim Militär die töltenden Pferde ausgemustert wurden: Pferde, die eine Gangart mit unterschiedlichem »Grundtempo« gehen, erfordern geübte und konzentrierte Reiter, um in Formation geritten werden zu können. Und allein diese Forderung steht im Widerspruch zu Hektik und Getümmel eines militärischen Gefechts. Reiter, die einmal eine Töltquadrille mit-

Abb. 5: Die natürliche Gangart: Bereits das neugeborene Fohlen folgt seiner Mutter im Tölt.

geritten sind, werden diese Behauptung sicher bestätigen können, denn dort werden an Pferd und Reiter ähnliche Anforderungen gestellt wie früher beim Militär.

Tölten, bis ans Ende der Welt ...

Der Tölt ist eine »Gebrauchsgangart«. Wenn ein Islandpferd soweit ausgebildet ist, daß es im Tölt das natürliche Gleichgewicht hält, kann lange Zeit und viele Kilometer getöltet werden. Ob das Pferd das natürliche Gleichge-

wicht halten kann, erkennt der Reiter sehr leicht daran, daß es auch möglich ist, am durchhängenden Zügel über eine längere Strecke hinweg zu tölten.

»Über Stock und Stein«

Einen absolut sicheren Tölter kann man, wie es so schön heißt, über »Stock und Stein« tölten. Trotzdem sollte man das, nicht zuletzt mit Rücksicht auf die Pferdebeine, möglichst nicht tun. Die Strecken, auf denen man Tölt reitet, sollten ausgesucht werden – und das um so mehr und gründlicher, je mehr Probleme das Pferd noch mit der Gangart hat. Am besten läßt es sich auf geraden, ebenen und festen Wegen tölten. Das können, wie zu Beginn der

»Töltgeschichte« auf dem Kontinent, auch einmal Teerstraßen sein. Dort hört der nicht so erfahrene Reiter zusätzlich noch am besten den Takt. Aus Rücksicht auf die Pferdebeine sollten die Tölteinlagen auf Teerstraßen jedoch nicht zur regelmäßigen Gewohnheit gemacht werden.

Ideal sind fein geschotterte Wald- oder Wiesenwege oder ebene Graswege. Der Boden ist dort zwar auch fest, aber er federt besser als auf der Asphaltstraße. Vielen Pferden fällt das Tölten besonders leicht, wenn es ein

Abb. 6: Tölt in vorbildlicher Selbsthaltung: Die Stute Hrafn Kylia unter Anke Schwörer, Siegerin der Stutenklasse auf der EM 1987 in Österreich.

wenig, aber gleichmäßig bergab geht. Der allerbeste Boden ist ein Sandstrand bei Ebbe, dort wo er noch vom Meerwasser durchtränkt, aber nicht mehr weich ist. Auf guten Wegen kann ruhig mehrere Kilometer am Stück getöltet werden. Rücksicht muß man nur auf die Kondition seines Pferdes nehmen.

Ungeeignet für das Reiten im Tölt ist tiefer Sandboden, schlammiger Boden oder ein Untergrund mit sehr vielen Löchern und Unregelmäßigkeiten. Solche Verhältnisse sind für die Pferde sehr anstrengend, und wenn der geneigte Leser sich die Fußfolge des Tölts vor Augen führt, bei der immer wieder ein einziges Bein das ganze Gewicht übernimmt und ausbalanciert, ist die Notwendigkeit eines festen und ebenen Untergrunds nur zu verständlich.

Abb. 7: Die Kennzeichen eines Klasse-Tölters: Hohe Aktion der Vorhand und starker Schub der Hinterhand. Hier Fagri-Blakkur unter Bernd Vith, dreimalige Europameister in der Viergang-Prüfung.

Natürlich, aber hoch und weit

Grundsätzlich ist der Tölt für den Is-länder also eine absolut natürliche Gangart, die er jedoch in unterschiedlicher Ausprägung geerbt hat. Durch korrekte und gekonnte Ausbildung kann man jedes Islandpferd sozusagen zum »Naturtölter« machen, das heißt zu einem Tölter, der einen mühelosen und taktklaren Tölt gehen kann.

Was jedoch letztendlich den Wert eines Tölters bestimmt, ist die Höhe und Weite seiner Bewegung, das heißt, wie energisch und weit die Hinterbeine vortreten und wieviel Gewicht sie übernehmen, aber auch wie hoch (Knieaktion) die Vorhand genommen wird und wie weit sie vorne frei aus der Schulter kommt. Auf die Bewegung seines Pferdes kann der Reiter Einfluß nehmen, indem er es zu gelöstem Gehen (der gelöste Rücken läßt die Bewegung der Hinterhand nach vorne kommen) und die Hinterhand zur vermehrten Übernahme des Gewichts anhält (die Vorhand wird getragen, die Schulter kann sich frei bewegen).

Wie wird Tölt geritten?

Der Reiter sitzt im Tölt im sogenannten »Vollsitz«. Eine generelle Anleitung, wie Tölt zu reiten ist, ist schwierig zu geben, denn es gibt keine einheitliche Tölthilfe. Je nach der Veranlagung des Pferdes – Tendenz eher zum Trab oder eher zum Paß – muß der Reiter auf andere Art und Weise antölten oder Tölt reiten. Aus diesem Grunde kann man auch nicht von einem einheitlichen Töltsitz sprechen.

Der gebräuchlichste Übergang zum Tölt wird aus dem Schritt vollzogen, weil beide die gleiche Fußfolge haben. Die Zügel werden nachgefaßt, das Pferd mit halben Paraden aufmerksamer gemacht. Mit Kreuz und Schenkeln wird das Pferd gegen die leicht sich öffnende Hand getrieben. Eventuell kann das Treiben auch mit Gerte oder Stimme unterstützt werden. Im Tölt wechseln sich nachgebende, durchhaltende und treibende Hilfen in stetigem Wechsel ab.

Der Paß

Die unbekannte fünfte Gangart

Viel schwerer noch als mit dem Tölt taten sich die »Pioniere« der Islandpferdereiterei auf dem Kontinent mit der zweiten »Exotengangart« ihrer Pferde, dem Rennpaß. Denn der Paß war – zumindest als unreine Gangart infolge fehlerhafter Verspannung – keineswegs etwas in Reiterkreisen Unbekanntes, und er wurde dort heftig abgelehnt. Wenn ein begeisterter Pferdebesitzer also erzählte, »mein Pferd geht fünf Gangarten, und eine davon ist Paß«, so erntete er im günstigsten Fall ein ungläubiges Kopfschütteln. Und das war hart zu einem Zeitpunkt, zu dem er selbst noch nicht hinter das Geheimnis und die Gesetzmäßigkeiten dieser Gangart gekommen war.

Auf der falschen Fährte

So unterscheidet Ursula Bruns in einem Artikel über Islands Pferde aus dem Jahr 1963 noch den »Rennpaß« und den »Reisepaß«, wobei ersterer als wuchtig und donnernd, letzterer als anmutig und weich beschrieben wird. (An dieser Stelle erscheint folgender Hinweis angebracht: Nicht alle Länder, in denen es wie in Island Gangpferde gibt, trennen die Gangarten sprachlich so klar wie die Isländer. Häufig wird das, was in Island eindeutig als Tölt bezeichnet ist, »Reisepaß« genannt. Diese unklare Trennung kann leicht zu Verwirrungen führen.) Gleichzeitig berichtet sie im Zusammenhang mit Paß von einer »Versammlung« des Pferdes durch den Reiter.

Abb. 8: Die Fuß- und Phasenfolge beim Paßgang (Zweitakt): a laterale Zweibein-stütze links, b Sprungphase, c laterale Zweibeinstütze rechts, d Sprungphase.

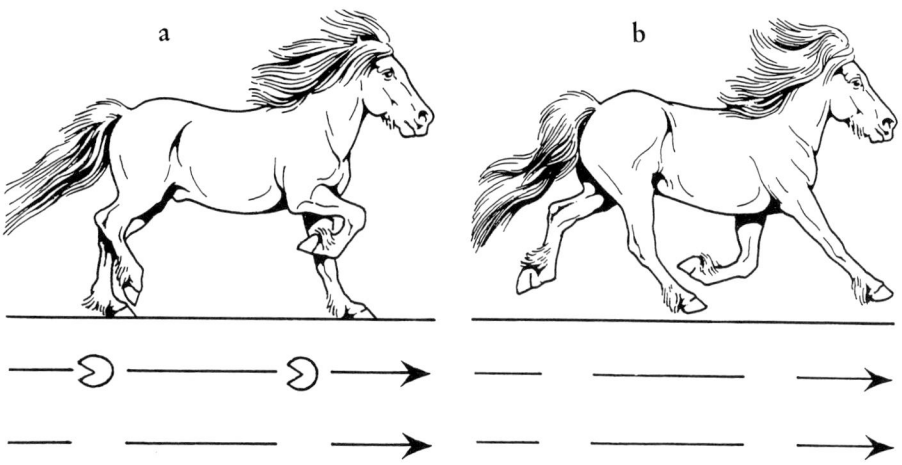

a   b

Paß heute

Sechs Jahre später erschien die erste Reitanleitung über die Gangart Rennpaß, verfaßt von Walter Feldmann jr., der nicht nur die laterale Fußfolge und die vier Momente der Phasenfolge erläutert, sondern sich auch mit der Auflösung des Zweitaktes in einen Viertakt, bedingt durch die Renngeschwindigkeit der Gangart, beschäftigt. In dieser Abhandlung wird auch die Forderung aufgestellt, die Pferde nur auf kurzer, gerader und ebener Strecke im Rennpaß zu reiten.

Heute definiert man den »Paß« eindeutig als Renngangart, er soll nur im Renntempo geritten werden. Trotz der geringfügigen Unterbrechung der Lateralen – das Hinterbein fußt kurz vor dem Vorderbein – kann man nach wie vor von einem Zweitakt sprechen, denn diese Unterbrechung ist so gering, daß sie akustisch nicht wahrgenommen wird.

Wesentliches Unterscheidungsmerkmal zwischen Tölt und Paß ist die Sprungphase. Die Länge dieser Sprungphase hängt zum einen von der Geschwindigkeit und zum anderen davon ab, wie stark die laterale Bewegung unterbrochen wird. Pferde, die die laterale Bewegung stark unterbrechen, neigen dazu, die Sprungphase durch eine diagonale Stütze zu ersetzen und damit – fast unmerklich – in den Tölt überzuwechseln.

Der »Rennpaßer« hat sich unter Islandpferdefreunden heute zu einem geschätzten und begehrten Turnierpferd entwickelt. Gute Rennpaßer kennt man unter den Turnierreitern, und man weiß auch die Zeiten, die sie in Rennen gelaufen sind. Gebräuchlich sind Rennstrecken über 150 m und über 250 m. Diese Streckenlängen werden überall dort, wo es Turniere für Islandpferde gibt, verwendet. Die Rekordzeiten der einzelnen Länder sind also untereinander vergleichbar.

Die Zeitgrenze, bei der man von einem guten Rennpaßer zu reden beginnt, liegt bei 26,0 Sekunden auf 250 m. Gestartet werden die Rennen aus dem Stand. Auf den ersten 50 Metern können die Pferde in einer beliebigen Gangart geritten werden – allgemein üblich ist Galopp. Ab der sogenannten

c   d

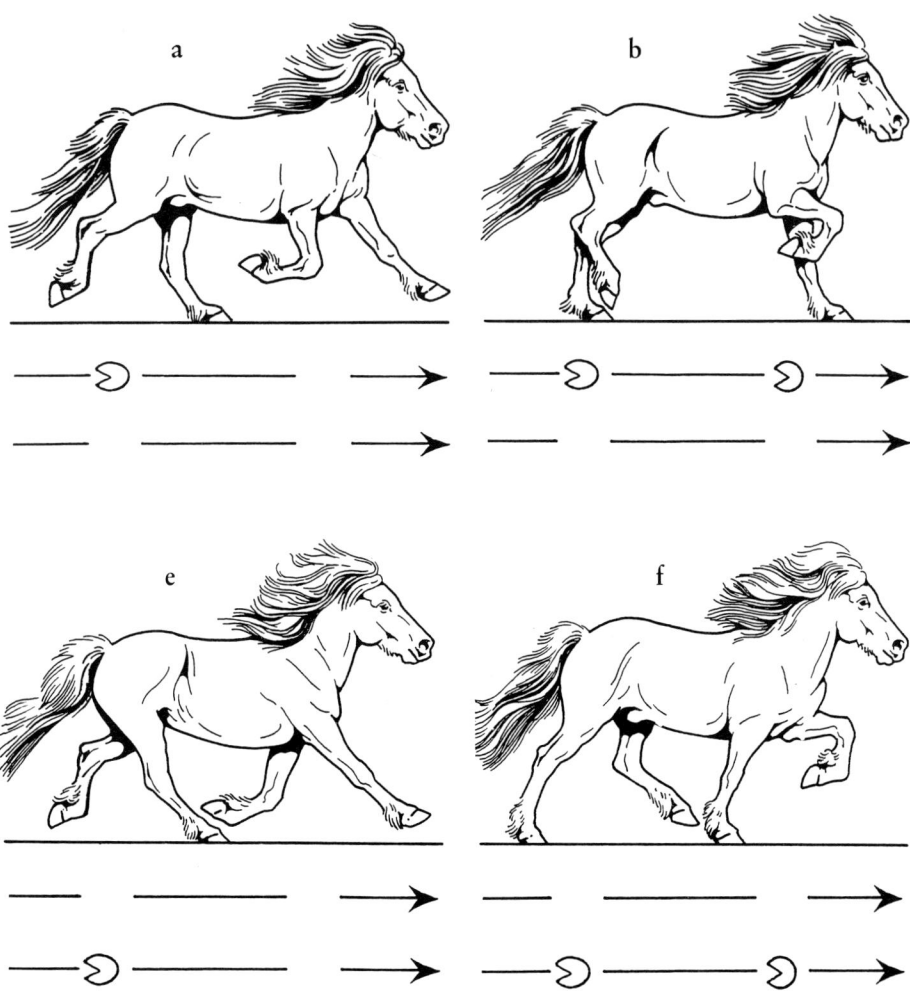

»50-Meter-Marke« müssen sich die
Pferde im Rennpaß befinden. Entlang
der gesamten Rennstrecke sind Richter
verteilt, die ein Fallen in den Galopp
(ein Galoppsprung) mit einer Disquali-
fikation ahnden.

Das Rekordhalterland ist Island:

Gletta 2385 fra Pranjarkot-S. Olafs 1948	22,6 sec/250 m
Odinn 668 fra Gufunes 1976	22,5 sec/250 m
Fannar fra Reykjavik (R : Reynir Adalsteinsson)	22,1 sec/250 m
Skjoni fra Moeidarhvoll	21,6 sec/250 m
Villingur fra Mödruvellir (R : E. Gudmundsson)	21,5 sec/250 m
Leistur fra Keldudal (R : S. Bardasson) 1987	21,4 sec/250 m

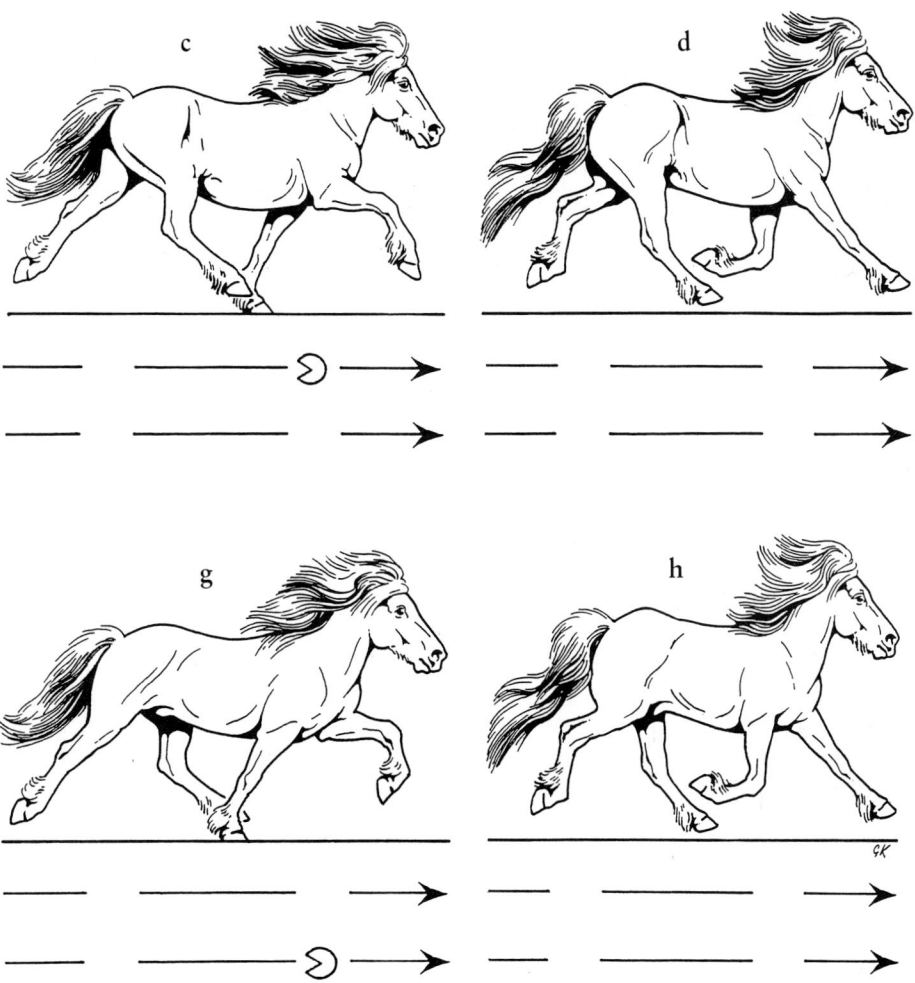

Abb. 9: Die Fuß- und Phasenfolge im Rennpaß (Viertakt): a Einbeinstütze hinten links, b laterale Zweibeinstütze links, c Einbeinstütze vorne links, d Sprungphase, e Einbeinstütze hinten rechts, f laterale Zweibeinstütze rechts, g Einbeinstütze vorne rechts, h Sprungphase.

Den Rekord über 150 m halten in Island zur Zeit ebenfalls Sigurbjörn Bardasson und Leistur fra Keldudal mit der Zeit von 13,8 Sekunden. Auch die deutschen Rekordzeiten können sich sehen lassen:

Littli-Stjarni (R : Norbert Stelzer) 1985	23,0 sec/250 m
Prati fra Hlödutuni (R : W Feldmann jr.) 1985	22,5 sec/250 m
Adam fra Holar (R : Walter Feldmann jr.) 1987	22,3 sec/250 m
Frosti fra Faskrudarbakki (R : Vera Reber) 1987	22,2 sec/250 m

Abb. 10: Rennpaßer in der Sprungphase, hier Adam frá Holum unter Sigurbjörn Bárdarson, Sieger im Paßrennen auf der Europameisterschaft 1981 in Norwegen.

Den Rekord über 150 m hält in Deutschland Walter Schmitz mit der Stute Linsa in 14,6 Sekunden.

Paß reiten, ein Kapitel für sich

Obwohl das Paßreiten und die Hilfen zum Paß theoretisch einfach sind – das Pferd muß »nur« gestreckt vorwärts geritten werden –, gehört es praktisch zu den schwersten Übungen der Reite-

rei. In Sekundenbruchteilen muß der Reiter reagieren, die Hilfengebung muß dann schnell, genau dosiert und sehr komplex erfolgen.

Die gebräuchlichste Art, in den Rennpaß zu gelangen, ist aus dem Galopp. Die Hilfen zum Rennpaß bezeichnet man als »Legen«. Zum Legen nimmt der Reiter das Pferd auf der Seite, auf der es galoppiert, mit mehreren halben Paraden aus der gesprungenen Bewegung. Gleichzeitig wird das Gewicht des Reiters vermehrt auf die dem Galopp gegenüberliegende Seite verlagert und mit beiden Schenkeln getrieben. Das heißt: Aus dem Linksgalopp wird das Pferd überwiegend mit dem linken Zügel gelegt, wobei der

Abb. 11: Zwei Rennpaß-Schimmel Kopf an Kopf, rechts Frosti frá Fraskrurdarbakka unter Vera Reber, sie halten zur Zeit den deutschen Rekord mit 22,2 Sek. auf 250 m; links Reykur frá Ytra-Dalsgerdi unter Thomas Haag, Schweizer Rekordhalter mit 22,8 Sek. auf 250 m.

Reiter sein Gewicht nach rechts verlagert; aus dem Rechtsgalopp nimmt man den rechten Zügel und verlagert das Gewicht nach links. Die Zügelhilfen im Rennpaß sind eher kurz, aber nicht ruckartig.

Rennpaß kann sowohl im Vollsitz wie auch (wenn das Pferd sicher liegt) im Entlastungssitz geritten werden. Der Reiter darf weder schwer noch schlaff im Sattel sitzen.

Die Haltung des Islandpferdes

Herdenverband und ...

Islandpferde eignen sich nicht zur Haltung in Einzelboxen und warmen Ställen. Auf diese Form der Pferdehaltung sollte nur in Ausnahmefällen – kranke Tiere, die sich wenig bewegen sollen, oder manche Hengste – ausgewichen werden. Islandpferde hält man im Gruppen- oder Herdenverband, so wie sie es seit Jahrtausenden in ihrem Ursprungsland gewohnt sind. Das Islandpferd sollte ganzjährig die Möglichkeit haben, sich im Freien aufzuhalten.

In Island gibt es Herden, die das

ganze Jahr über sich selbst überlassen sind. Diese Herden halten sich im Sommer in den Bergen auf und ziehen sich im Winter in die geschützten Täler nahe den Bauernhöfen zurück. Berichte über diese Art der Pferdehaltung, die mit den ersten Isländern auf den Kontinent kamen, haben dazu geführt, daß zunächst einmal eine ganze Reihe von Fehlern in der Robustpferdehaltung gemacht wurden. ›Praktisch‹, so mag der eine oder andere der »Pioniere« gedacht haben, ›ein Pferd, das man immer draußen halten kann, das Sommer wie Winter keinen Stall braucht und das sich das ganze Jahr über sein Futter selbst sucht.‹ – Vergessen wurde bei einem solchen Gedankengang nur, daß die Islandpferde auf dem Kontinent

Abb. 12: So fühlen sich Isländer am wohlsten: auf freier Weide in der Herdengemeinschaft.

nicht völlig frei gehalten werden und nicht bei Wind oder Schnee im Wald, hinter einem Felsen oder in einem Tal Schutz suchen können und daß ihnen nicht endlose Flächen zur Verfügung stehen, auf denen sie im Winter gemächlich wandernd das spärliche Futter zusammensuchen können. Die Einschränkungen in der völlig sich selbst überlassenen Herdenhaltung beginnen also dort, wo den Pferden ein solcher Platz nicht geboten werden kann.

... Offenstall

Ideal für die Haltung von Islandpferden ist die sogenannte »Offenstallhaltung«, ein Stall, der für die Tiere immer frei zugänglich ist, Schutz vor Nässe und Dauerregen bietet und, was noch viel wichtiger ist, im Sommer vor Hitze und Insekten schützt. Zudem

finden die Pferde dort immer einen trockenen Platz zum Liegen. Solche Offenställe kennt man heute in der Robustpferdehaltung sowohl als Schutzhütten auf der Weide wie auch in Verbindung mit Hartplätzen, sogenannten »Paddocks«. Der Offenstall ist für das Pferd wie auch für den Pferdehalter von Vorteil: Dem Pferd, das ein Lauf- und Herdentier ist, bleibt das natürliche Verhältnis zur Umwelt erhalten. Es hat die Möglichkeit, etwa im Spiel mit den Artgenossen, sich nach Bedarf zu bewegen und soziale Kontakte zu den Pferdekollegen zu pflegen. Pferde, die im Offenstall gehalten werden, zeigen deshalb auch nicht die Körper- und

Abb. 13: Grundriß eines Offenstalles: a Liegefläche, b Freßstände, c Futtergang, d Sattel- und Futterkammer mit Wasseranschluß, e Anbindeplatz, evtl. überdacht, f nicht überdachte Pad.-Fläche, g Durchgänge zu den anliegenden Weiden.

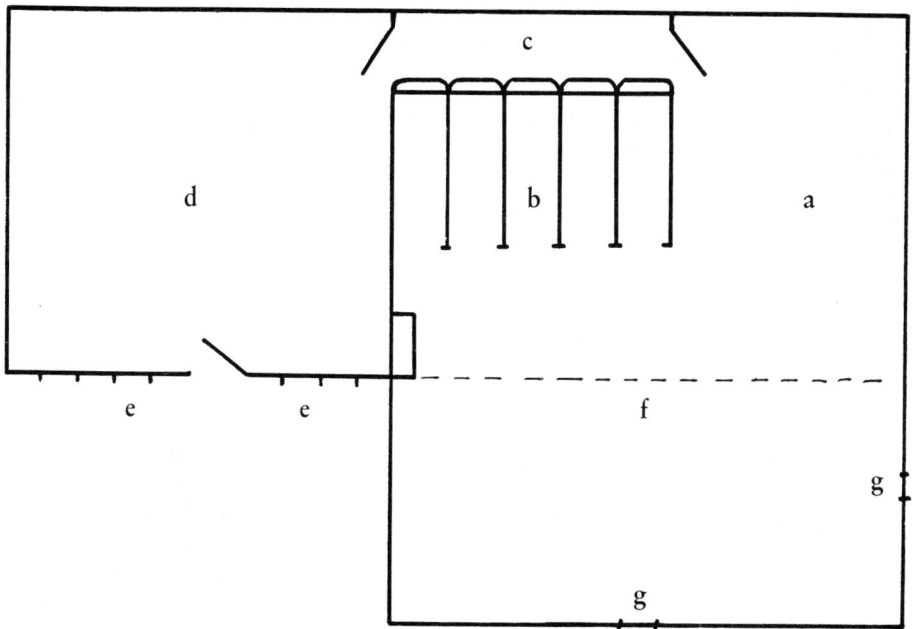

Verhaltensstörungen, die man von Stallpferden kennt. Für den Pferdebesitzer verursacht die Offenstallhaltung weniger Arbeit und weniger Kosten, allerdings muß er über ein geeignetes Grundstück verfügen.

Kriterien, die der Stall erfüllen sollte

In langjähriger Erfahrung mit der Herdenhaltung haben sich bestimmte Kriterien herauskristallisiert, die ein Offenstall unbedingt erfüllen sollte. Dazu gehört, daß er stabil und an drei Seiten geschlossen ist und die offene Seite möglichst nach Südosten, auf keinen Fall jedoch nach der »Wetterseite«, zeigt. Die Größe des Stalls ist abhängig von der Anzahl der Pferde, die darin Schutz finden sollen und von dem sozialen Verhalten, das diese Pferde an den Tag legen. Bei einer unruhigen Herde, in der sich die Pferde häufig streiten, muß mit mehr Platz gerechnet werden, so daß auch die »ausgestoßenen« und »ungeliebten« Herdenmitglieder im Stall Schutz suchen können. Grundsätzlich sollten zwei Pferde etwa zehn Quadratmeter, vier Tiere doppelt soviel Stallfläche haben.

Im Stall selbst darf keine Zugluft herrschen, es also keine Ritzen und Löcher geben, und es darf nicht die Gefahr bestehen, daß sich die Pferde verletzen. Elektrische Leitungen müssen also für die Tiere unerreichbar und isoliert verlegt sein, es sollte keine scharfen Ecken und Kanten im Stall geben. Blech ist als Stallbaumaterial ungeeignet, da sich darunter die Hitze sehr stark staut und die Gefahr von

Verletzungen sehr groß ist. Der Stallboden muß ein Gefälle haben, damit sich keine Staunässe bildet, und das Stalldach sollte zum Schutz vor Sonne oder Regen überstehen, wobei das Gefälle des Dachs zu der der Stallöffnung entgegengesetzten Seite zeigt.

Stalleinrichtung

Futtertröge und -raufen stellt man im Trockenen auf, wobei darauf zu achten ist, daß so viele Futterplätze vorhanden sind, daß auch Pferde mit niedrigem sozialem Rang ungestört fressen können. Besonders bewährt haben sich dabei sogenannte Futterständer, in denen man die einzelnen Pferde gezielt entsprechend ihrer Konstitution füttern kann. Die Ständer kann man während der Zeit des Fressens hinten verschließen, so daß alle ihre Ration in Ruhe vertilgen können. Die Futtertröge sollten am Boden oder in Brusthöhe angebracht werden, damit die Pferde in der ihnen typischen Haltung (Kopf am Boden zum Grasen) fressen können und ihnen Staub und Futterbestandteile nicht in die Augen fallen.

Zur Versorgung der Pferde mit Wasser haben sich im Offenstall vor allem beheizte und isolierte Selbsttränken bewährt. Diese sollten allerdings jeden Tag – vor allem im Winter – auf ihre Funktionsfähigkeit überprüft werden. Natürliche, fließende Gewässer eignen sich ebenfalls, wobei man zumindest beim Kauf oder bei der Pacht einer Weide gut beraten ist, wenn eine Wasseranalyse gemacht wird. Stehende Gewässer eignen sich wegen schlechter Wasserqualität häufig nicht als Tränke.

Gut beraten ist, wer bei seinem Offenstall noch eine oder mehrere Kammern für Heu, Kraftfutter, Stallgeräte, Stallapotheke und Sattelzeug an- oder einbauen kann. Wer einen neuen Offenstall baut, sollte bei der Planung den Bedarf solcher Räume unbedingt berücksichtigen. Außerdem empfiehlt es sich, eine Möglichkeit einzukalkulieren, mit der man ein Pferd auch für eine längere Zeit aus der Herde aussondern kann, z. B. wenn es krank ist. Am ehesten geeignet ist dafür eine Einzelbox, von der aus der »Patient« die anderen sehen kann.

Abb. 14: Eine praktische Einzäunung ist noch immer der Holzzaun. Ein zusätzlicher Elektrozaun verhindert, daß die Pferde sich am Zaun scheuern.

Der praktische Paddock

Damit die Pferde nicht zu dick werden und die Weideflächen vor allem im Winter und bei Nässe geschont werden, empfiehlt es sich, vor oder um den Offenstall einen abgetrennten Auslauf, einen sogenannten »Paddock« anzulegen. Der Paddock muß einen festen Untergrund – Schotter oder Makadam – haben, damit er leicht zu reinigen ist, und über ein leichtes Gefälle verfügen, damit das Regenwasser ablaufen kann.

Die Größe eines Paddocks richtet sich nach der Anzahl der Pferde, sollte 1000 m² aber nicht unterschreiten, damit rangniedere Tiere den ranghöheren ausweichen können.

Die ideale Weide – Weidepflege

Die Weidefläche, die für ein Pferd pro Jahr gerechnet werden muß, ist etwa einen halben Hektar groß. Direkt abhängig ist das natürlich von der Beschaffenheit der Weide (schlechter Boden, wenig Düngung) und davon, ob man sein Heu kauft oder ob man es selber macht. Wenn man sein Heu selber macht, sollte pro Jahr und Pferd ein Hektar gerechnet werden, ein halber zum Heu machen und ein halber zum Abweiden. Eingezäunt werden sollten die Weiden mit Holz und einem zusätzlichen Elektrozaun an der Innenseite, um ein Scheuern oder »durch-den-Zaun-fressen« zu verhin-

dern. Glatter Draht und Knotengitter sind absolut ungeeignet, da die Verletzungsgefahr hier sehr groß ist. Die Weidetore sollten einfach und leicht zu öffnen, aber mit einer Sicherung versehen sein, damit die Pferde sie nicht selbst öffnen können.

In die Weidepflege muß der Pferdehalter einiges investieren, da die Beweidung mit nur einer Tierart zu einer starken Ausbreitung von Parasiten führen kann. Deshalb empfiehlt sich das regelmäßige Aufsammeln des Kots, der Wechsel von Heumachen und Beweiden oder die Gemeinschaftshaltung mit Rindern, außerdem mehrere Wurmkuren pro Jahr, um einen Schaden für die Tiere zu vermeiden.

Abb. 15: Im langen Deckhaar bilden sich Regenrinnen, an denen das Wasser abläuft (links), die Schweifglocke (Mitte) schützt After und Geschlechtsteile vor Wasser, der lange Kötenbehang (rechts) schützt die Fesselbeuge vor Nässe und Schmutz.

Islandpferde in Boxen

Wie schon eingangs beschrieben, kann es mehrere Gründe geben, Pferde kurzfristig in Boxen unterzubringen.

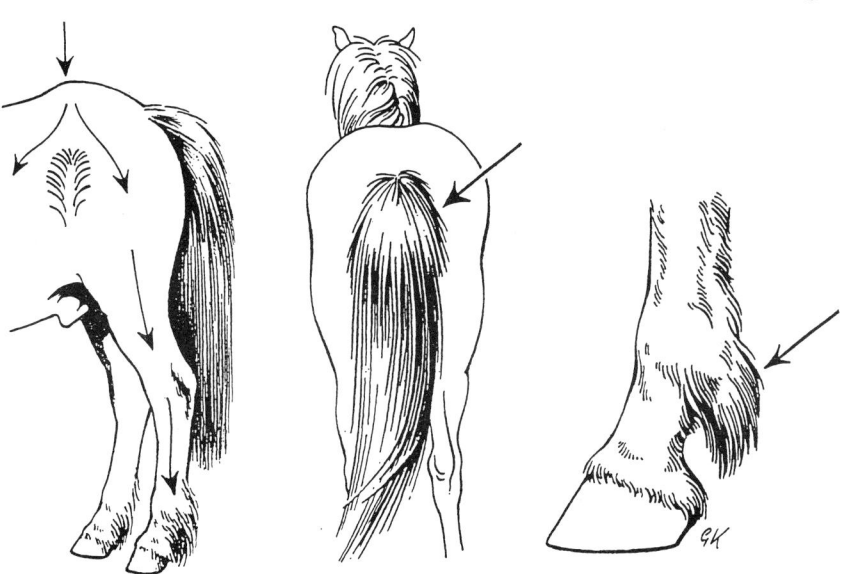

Abb. 16: Islandpferde im Winter: Das dichte Fell isoliert so gut, daß sogar der Schnee darauf liegenbleibt.

Pflege eines im Offenstall gehaltenen Islandpferdes

Solche Gründe sind zum Beispiel gegeben, wenn ein Pferd krank ist, gezielt gefüttert werden muß oder nach dem Reiten im Winter einige Zeit unter der Decke trocknen muß, ebenso wenn kurzfristig fremde Pferde eingestellt werden sollen und man den Frieden in der Herde nicht stören will, aber auch wenn die Pferde unter Sommerekzem leiden. Diese Boxen sollten mindestens 2 m auf 2,5 m groß sein. Die Stallhaltung ist mit wesentlich mehr Arbeit und Kosten verbunden, und die Pferde entwickeln aus Langeweile oft Untugenden.

Islandpferde eignen sich nicht zuletzt deshalb so hervorragend für die ganzjährige Haltung im Freien, weil sie ihr Haarkleid den Jahreszeiten anpassen können. Im Sommer ist das Fell kurz, glatt und samtig (wie bei allen anderen Pferderassen auch), im Winter hingegen schützt ein dicker Pelz das Pferd vor Witterungseinflüssen. Deckhaar sowie Lang- und Schutzhaar bilden, vor allem im Winter, ein ausgeklügeltes »Rinnensystem«, das die Aufgabe hat, das Regenwasser abzuleiten, so daß die Haut des Pferdes trocken bleibt. Haut und Haar werden durch Talgdrüsen zusätzlich stark eingefettet, so daß sie wasserabstoßend wirken.

Abb. 17: Isländer im Winterpelz: Die langen Barthaare lassen das Wasser abtropfen, die dichte Mähne schützt vor Kälte und Feuchtigkeit.

Das dichte Wollhaar, das sich im Winter zwischen dem Deckhaar bildet, dient dem Islandpferd zur Isolierung vor Kälte. Auch die Staub- und Fettschicht im dicken Winterpelz schützt das Pferd. Deshalb sollte man, schon im Interesse des Pferdes, nicht versucht sein, im Winter allen Staub aus dem Fell seines Lieblings herauszubürsten. Bewährt hat es sich, robust gehaltene Pferde nur vor und nach dem Reiten zu putzen. Im Winter wird mit einem sogenannten »Fellkratzer« (ursprünglich für langhaarige Hunde gedacht) der grobe Schmutz aus dem Fell »gekratzt«. Um Druckstellen zu vermeiden, werden vor allem die Stellen, an denen Sattel und Zaumzeug liegen, besonders gründlich geputzt. Anschließend bürstet man das Fell mit einer Wurzelbürste glatt. Wichtig: Körperteile, die nicht durch besonders dichtes Fell geschützt sind (Kopf, Beine), sollten nur mit der Wurzelbürste und nicht mit dem harten Fellkratzer gesäubert werden. Nach dem Reiten zieht man das meist verschwitzte Winterfell mit dem Fellkratzer glatt und deckt das Pferd ab.

Zur Zeit des Haarwechsels (im Frühjahr und im Herbst) ist die Fellpflege für das Islandpferd besonders wichtig. Vor allem im Frühjahr, wenn das dichte Wollhaar sich zu lösen beginnt, kann der Besitzer durch eifrige Pflege dem Pferd helfen, sich an die wärmeren Temperaturen anzupassen. Mit dem Fellkratzer lassen sich die ausgehenden Unterhaare sehr gut aus dem Deckhaar herausbürsten, und meist erfüllt der Erfolg der Arbeit, wenn man in einem großen Berg ausgebürsteter Haare steht und das Pferd plötzlich wieder ganz schlank aussieht, mit großem Stolz.

Mähne und Schweif werden beim robust gehaltenen Islandpferd nur sehr selten geschnitten. In der Regel bürstet

man sie vor dem Reiten einmal kräftig durch, um sie vom gröbsten Schmutz zu befreien. Vor öffentlichen Auftritten werden die lange Mähne und der Schweif meist gewaschen, da die fliegenden Haare in der Bewegung ein sehr schönes Bild abgeben.

Doch nicht nur wegen des schönen Bildes bleiben die Langhaare beim Islandpferd weitgehend naturbelassen. Sie erfüllen bei im Offenstall gehaltenen Pferden auch wichtige Schutzfunktionen, sie halten Kälte, Nässe, Schmutz, grelles Licht und Fliegen ab. Deshalb werden die Langhaare an Nase, Ohren, Unterkiefer und Fesseln grundsätzlich niemals beschnitten. Die Mähne und der Schopf werden nur gekürzt, wenn sie zu lang geworden sind, ebenso der Schweif. Auf keinen Fall

Abb. 18: Auch im Sommer gehört die üppige Mähne zu einem typischen Isländer, die Züchter in Island legen auf dieses Merkmal großen Wert.

jedoch dürfen die Deckhaare an der Schweifrübe beschnitten werden, denn sie schützen das Pferd vor Nässe und Kälte (siehe »Regenrinne«). Auch sollte man darauf achten, daß der Schopf, der die Augen des Pferdes vor Fliegen schützt, im Sommer möglichst lang ist.

Reiten im Winter

Lange diskutiert wurde die »Problematik« des Reitens im Winter. Islandpferde bekommen ja im Herbst, wenn es kühl wird, einen dicken Pelz, der sie vor unfreundlicher Witterung schützt. Wenn die Pferde im Winter aber geritten werden, schwitzen sie auch mehr als ein Pferd mit kurzem, glattem Fell. Lange Zeit wurden die verschwitzten Tiere im Winter mit dem Hinweis, Isländer seien Robustpferde und in Island ginge es ihnen ja auch nicht anders, nach dem Reiten auf Paddock oder Weide sich selbst überlassen. Heute denkt man da etwas anders. Vergessen wurde in der Argumentation nämlich lange Zeit, daß die Pferde, die in Island im Winter geritten werden, in den Ställen, zum Beispiel in Reykjavik, stehen und die Pferde, die Tag und Nacht draußen sind, im Ursprungsland im Winter überhaupt nicht geritten werden.

Viele Reiter auf dem Kontinent, die ihre Pferde auch im Winter intensiv reiten wollten, begannen die Tiere zu scheren. Doch damit nahm man die Nachteile der Boxenhaltung in Kauf, denn Pferde, die geschoren sind, müssen im Stall gehalten werden. Das heißt für den Reiter auch, daß diese Pferde täglich möglichst mehr als eine Stunde

bewegt werden müssen, und bei niedrigen Temperaturen müssen diese Pferde sogar im Stall eingedeckt werden. Aus diesen Gründen kann das Scheren nur bei Pferden empfohlen werden, die Pilzerkrankungen im Fell oder, bedingt durch extrem langes und dichtes Winterfell, eine extrem erhöhte Atemfrequenz haben.

Für die anderen hat sich in der Zwischenzeit eine Lösung gefunden, die als »ideal« bezeichnet werden kann. Mit einer guten Wolldecke werden die Tiere im Winter unmittelbar nach dem Reiten für etwa zwei bis drei Stunden abgedeckt. Nimmt man die Decke ab, sind die Pferde darunter so gut wie trocken. Die Decke sollte aber auf keinen Fall aus einem Material bestehen, das die Feuchtigkeit nicht nach außen und die Luft nicht zirkulieren läßt. Unter solchen Decken sind die Pferde nämlich auch nach stundenlangem Trocknen noch naß. An herrlichen sonnigen Wintertagen, wenn weißer, frischer Schnee liegt und kein Wind geht, kann man die Pferde auch zum Wälzen und Trocknen im Paddock oder auf der Weide laufen lassen.

Reiten im Sommer

Im Sommer werden die Pferde nach dem Reiten an den Beinen und unter dem Bauch mit einem Schlauch abgespritzt oder mit einem Schwamm abgewaschen. Das ganze Pferd soll nur dann gewaschen werden, wenn es hinterher ausreichend Zeit zum Trocknen hat. Nach dem Waschen wird das Wasser mit einem Schweißmesser abgezogen. Die Langhaare bleiben beim Isländer weitgehend naturbelassen. Mähne, Schopf und Schweif werden nur höchst selten gestutzt – der Schweif zum Beispiel nur dann, wenn er so lang ist, daß das Pferd darauf tritt. Die Langhaare in der Nase, in den Ohren, am Unterkiefer und in den Fesseln dürfen auf keinen Fall weggeschnitten oder verzogen werden, denn sie erfüllen beim im Freien gehaltenen Robustpferd wichtige Schutzfunktionen. Auch der Schweif darf nur unten geschnitten werden. Auf keinen Fall dürfen die Deckhaare an der Schweifrübe abgeschnitten werden. Sie schützen die Pferde vor Nässe – indem der Regen daran abläuft –, Kälte und Schmutz. Der Schopf, der die Augen der Pferde schützt, darf im Sommer, zur Fliegenzeit, auf keinen Fall aus »Schönheitsgründen« geschnitten werden.

Einige Islandpferde, vorwiegend diejenigen, die aus dem Ursprungsland importiert wurden, werden zur Fliegenzeit von einem Hautekzem, dem sogenannten Sommerekzem, geplagt. An allen Stellen, an denen sie Juckreiz empfinden, scheuern sich diese Tiere oft so lange, bis sie blutig sind. Mit verschiedenen Einreibemitteln kann, wenn sie täglich angewendet werden, diesen Tieren Linderung verschafft werden. Weiterhin sollten sie zur Fliegenzeit einen dunklen Unterstand aufsuchen können. Ein Allheilmittel gegen diese Allergie konnte bisher allerdings trotz intensiver Suche noch nicht gefunden werden.

Beschlag

Daß sich der Beschlag eines Pferdes immer nach dessen Verwendungszweck richtet, sei an dieser Stelle noch einmal betont. Wenn ein Islandpferd täglich geritten wird, unter Umständen auf weiten Wanderritten eingesetzt wird oder gar im Turniersport geht, ist es selbstverständlich, daß es beschlagen wird. Zum Teil wird der Beschlag bei Turnierpferden auch gezielt der extremen Belastung angepaßt. Wer ein Reitgelände mit weichen Sandwegen hat und nur, salopp gesagt, »alle Jubeljahre« einmal reitet, braucht dafür nicht extra zu beschlagen. Oft hängt der Beschlag nicht nur von der Nutzung des Pferdes, sondern auch von der Qualität des Hornmaterials ab. Pferde mit extrem schlechten Hufen müssen sogar manchmal beschlagen werden, wenn sie im Winter auf dem harten Boden eines Paddocks stehen. Der beschlagene Huf bedarf aufmerksamer Pflege. Bei anhaltender Trockenheit sollten die Hufe täglich angefeuchtet und, wenn die Feuchtigkeit eingezogen ist, gefettet werden.

Auch unbeschlagene Hufe müssen, da sie oft nicht genügend oder nicht gleichmäßig abgenutzt werden, in regelmäßigen Abständen von einem Fachmann gekürzt werden. Sohle und Strahl sollen dabei, ebenso wie beim Beschlag, geschont werden. Bei Jungpferden dient das Berunden gleichzeitig einer Stellungskorrektur.

Die Fütterung des Islandpferdes

Kraftfutter – ja oder nein?

Immer wieder hört man auch heute noch, wenn man erzählt, Islandpferde zu besitzen: »Ach, das sind doch die, die nur von Gras und Heu leben können«. Wenn dann die Leute darüber aufgeklärt werden, daß die Isländer, wie jede andere Rasse auch, entsprechend ihrer Beanspruchung gefüttert

Abb. 19: Bei einer so üppigen Wiese muß man häufig die Weidezeit verkürzen, damit die Tiere nicht zu fett werden.

werden müssen, sieht man nicht selten enttäuschte Gesichter. Um nicht mit einer beliebten alten Erkenntnis völlig aufräumen zu müssen, sei bemerkt: Islandpferde sind wie viele Ponyrassen ausgesprochen genügsam. Gesunde, gut genährte Pferde können wirklich von Heu und Gras leben, wenn sie nur mal am Wochenende zum Vergnügen geritten werden. Allerdings sollte zum Heu im Winter auch bei diesen Pferden eine Mineralstoffergänzung hinzugefüttert werden.

Wenn aber von den Pferden Leistungen verlangt werden, muß individuell

Abb. 20: Bei solch mageren Weideverhält-nissen wie hier können die Pferde Tag und Nacht auf der Weide bleiben.

die entsprechende Menge Kraftfutter zugefüttert werden. Bewährt hat sich bei vielen Islandpferdebesitzern im Sommer eine Haltung, bei der die Pferde tagsüber auf den Paddocks am Stall gehalten und nachts auf die Weide gelassen werden. Sie können sich dabei nachts mit der ausreichenden Menge Gras versorgen. Wenn ein Pferd auch bei dieser Haltung noch extrem fett ist, sollte man die Weidezeit noch mehr verkürzen.

Im Winter rechnet man für ein gesundes Pferd rund sechs Kilogramm Heu pro Tag, und wenn das Pferd dann noch täglich gemütlich spazierengeritten wird, sollte es jeden Tag etwa einen

Liter Hafer oder Kraftfutter zusätzlich zur Heuration bekommen. Bei Turnier-, Schul- oder Distanzpferden, kurz bei allen Pferden, die mehr tun, muß auch die Hafer- bzw. Kraftfuttermenge gesteigert werden. Selbstverständlich können im Rahmen eines solchen Buches höchstens Zirkawerte angegeben werden. Jeder Pferdehalter muß durch genaue Beobachtung seines Pferdes die geeignete Futtermenge selbst festlegen können. Pferden, die bei Beanspruchung rapide abmagern, gibt man etwas mehr, solchen, die immer zu fett sind, weniger.

Dennoch sollte man bei Pferden, die auch bei viel Arbeit zu Fettleibigkeit neigen, eher die Rauhfuttermenge (also Gras und Heu) einschränken, als die Kraftfutterration herabzusetzen. Das Rauhfutter ganz abzusetzen ist jedoch nicht ratsam, denn bei Pferden, die nur von Kraftfutter leben, gerät der komplizierte Verdauungstrakt in Unordnung, und sie neigen vermehrt zu Koliken. Auch tragende Stuten, Fohlen und Jungpferde sollten im Winter eine tägliche Ration Kraftfutter und Mineralstoffe erhalten.

Für die Verfütterung an Pferde eignet sich nur das Heu vom ersten Schnitt. Heu vom zweiten Schnitt, auch Öhmd oder Grummet genannt, zu füttern, heißt Koliken riskieren, denn die im Vergleich zum ersten Schnitt kürzeren und weicheren Halme können sehr leicht zu einer Verstopfung im Darmtrakt des Pferdes führen.

Gutes Heu – schlechtes Heu

Gutes Heu hat eine grüne Farbe, und es riecht frisch und aromatisch. Es ist außerdem reich an Blättern und Kräutern und stengelarm. Wenn man es anfaßt, fühlt es sich weich an. Schlechtes Heu ist oft rauh im Griff, es ist staubig und riecht faulig oder muffig. Heu, das mit Schimmelpilzen behaftet ist, sollte nicht mehr verfüttert werden. Schlechtes Heu zu füttern kann sich schlimm auf die Atemwege des Pferdes auswirken. Viele Pferde fangen dann an zu husten und holen sich über längere Zeit eine chronische Atemwegserkrankung. Klee und Luzerneheu darf wegen des hohen Eiweißgehaltes nur rationiert verfüttert werden.

Gutes Stroh – schlechtes Stroh

Schlechtes, staubiges Stroh hat, auch wenn es nur eingestreut wird, oft die-selben Folgen wie schlechtes Heu. Viele Pferde beschäftigen sich nämlich tagsüber damit, in der Einstreu herumzusuchen und die besten Halme herauszupicken. Deshalb sollte man darauf achten, seinen Pferden nur gutes, trockenes Stroh von kräftiger, gelber Farbe und angenehmem Geruch zu geben. Haferstroh ist für Pferde zudem besser als Weizenstroh. Von Vorteil ist die Methode, bei der man den Pferden das Stroh, auf dem sie später liegen sollen, nicht aufschüttelt und auf dem ganzen Liegeplatz verteilt, sondern es auf einem Haufen beläßt. Die Pferde verteilen dann bei ihrer Suche nach den besten Halmen das Stroh selbst und müssen so niemals im Staub oder Schmutz herumsuchen.

Kraftfutter

Hafer gilt noch immer als *das* Kraftfutter in der Pferdefütterung. Zum Hafer können dann verschiedene Mineralstoffmischungen zugefüttert werden, deren Zusammensetzung immer wieder wechseln sollte. Für Pferde, die immer zu dünn sind, eignet sich das pelletierte Kraftfutter und bei solchen, die ungern fressen, kann man es mit Reformhafer probieren. Beim Kauf von Kraftfutter sollte man besonders auf Qualität achten. Schlechter Hafer zum Beispiel ist graubraun oder grün und riecht sauer, ranzig oder muffig. Schlechte, alte Pellets sind gräulich und sehr porös und können ebenfalls sauer oder muffig riechen.

Futterzeiten

Pferde gewöhnen sich, wie beinahe alle Tiere, sehr an ihre Futterzeiten. Deshalb sollte man für eine bessere Verdauung immer ungefähr zur selben Zeit füttern. Außerdem hat das Pferd als Steppentier einen verhältnismäßig kleinen Magen. Große Futtermengen kann es deshalb nur portionsweise aufnehmen, also lieber öfter und wenig füttern. Nach der Fütterung sollte das Pferd zwei bis drei Stunden Ruhe zur Verdauung haben. Die größere Futterration sollte aus diesem Grund immer am Abend, wenn das Pferd mehr Zeit zum Verdauen hat, gegeben werden. Frisches Wasser sollten Pferde immer in ausreichendem Maße zur Verfügung haben.

Impfen und Entwurmen

Pferde, die wie die meisten Islandpferde robust gehalten werden, sollten auf alle Fälle gegen Tetanus und Tollwut geimpft sein. Jedes Tier erhält eine Grundimmunisierung und anschließend eine jährliche Impfung zur Auffrischung. Außerdem ist es ratsam – und bei Pferden, mit denen man an Islandpferdeturnieren teilnehmen möchte, sogar Pflicht –, gegen Influenza zu impfen. Auch hier arbeitet der Tierarzt mit einer Grundimmunisierung, die jährlich aufgefrischt wird. Weiterhin müssen, vor allem bei der Herdenhaltung, regelmäßige Wurmkuren im gesamten Bestand durchgeführt werden. Nur so kann man dem Befall des Pferdes mit verschiedenen Wurmarten oder mit Larven der Dasselfliege vorbeugen.

Ein ausgewachsenes Pferd sollte mindestens viermal jährlich entwurmt werden. Mit Fohlen sollte man ab dem zehnten Lebenstag regelmäßig, mindestens sechsmal im Jahr, eine Wurmkur machen. Der Verwurmung einer Herde kann man aber auch durch gezielte Weidepflege vorbeugen. Außerdem können die gelblichen Eier der Dasselfliege, die diese an den Pferdehaaren ablegt, mit einem Rasiermesser regelmäßig entfernt werden.

Wer mit gezielt wirksamen Mitteln entwurmen möchte, ist gut beraten, wenn er vorher eine Kotprobe seiner Pferde untersuchen läßt.

Das Islandpferd im Sport

Erfahrungsaustausch und Geselligkeit

Mehrmals im Jahr trafen sich die »Tölt-Pioniere« auf dem Kontinent zum Erfahrungsaustausch. Die neuesten »Tricks«, wie man die mehrgängigen Islandpferde zum Tölten oder Paßgehen überreden könne, wurden weitergegeben, und jeder wollte natürlich hautnah erleben, wie weit die anderen inzwischen gekommen waren. Bald war man sogar bereit, sich einem unparteiischen Richter zu stellen. Die Treffen – zu Beginn immer anläßlich allgemeiner Ponyturniere – machten Spaß und stärkten den Zusammenhalt innerhalb der »Isländerfamilie«. Mit den Reitern anderer Ponyrassen nahmen Islandpferdereiter damals an einfachen Dressurprüfungen und an Springen, an Geländeritten oder Galopprennen teil. Es wurden auf solch allgemeinen Ponyturnieren zwar auch der eine oder andere Töltpreis und verschiedentlich auch Paßrennen ausgeschrieben, doch hatten diese Prüfungen nur geringe Bedeutung.

Eigene Turniere

Daß es jedoch recht bald reine Islandpferdeturniere gab, ist zum einen der Aktivität einzelner Personen und ihrer – im positiven Sinne – fanatischen Begeisterung für das Strubbelpony mit den faszinierenden Gangarten zu verdanken. Mit dazu beigetragen hat aber sicher auch die Tatsache, daß Islandpferde und ihre Reiter anderen Ponyrassen in Dressur und Springen nicht »das Wasser reichen konnten«, und man sich deshalb recht bald auf die besondere Spezialität der Rasse, die Gangarten, besann. Die Zahl der turnierbegeisterten Islandpferdereiter wuchs mit atemberaubender Geschwindigkeit.

Die Suche nach der optimalen Form

Ausgeschrieben wurden zunächst Töltprüfungen, Mehrgangprüfungen, Dressurprüfungen, Paßrennen, Stilspringen, Töltrennen, Geländeprüfungen oder Galopprennen. In den ersten Jahren begannen die Turniere häufig mit einem Lehrgang, und fast immer fand ein gemeinsamer Ausritt mit Picknick statt. Bis sich ein System von optimalen Prüfungen herauskristallisiert hatte, wurden den kleinen, eifrigen Gangpferden aus dem Norden alle möglichen und unmöglichen Leistungen abverlangt. Da gab es beispielsweise Ausdauerprüfungen, oder es wurden Lateralrennen veranstaltet, bei denen die Pferde alles außer Schritt, Trab und Galopp gehen durften, wenn sie nur schnell waren.

Derartiger »Unsinn« wurde jedoch bald aufgegeben. Anfang der siebziger Jahre erschien die Islandpferde-Prüfungs-Ordnung (IPO). In ihr wurden erstmals Regeln für den Prüfungs- und

Turnierablauf zusammengefaßt. Sie enthielt die Leitgedanken für das Richten der verschiedenen Prüfungen (siehe S. 49, 52 f., 58) und entwarf ein System von Turnieren. Im Islandpferdesport gibt es heute die sogenannten Haus- und Freizeitturniere, es gibt Jugendturniere, die DJIM (Deutsche Jugend-Islandpferde-Meisterschaft) und die

sogenannten OSIs (offene Sportturniere). Über die OSIs kann man sich zur DIM (Deutschen Islandpferdemeisterschaft) qualifizieren. Außerdem gibt es alle zwei Jahre eine Europameisterschaft, an der pro Land sieben nach genau festgelegten Kriterien qualifizierte Reiter teilnehmen können.

Diese IPO hat in der Zwischenzeit mehrere Überarbeitungen erfahren, die letzte und wohl einschneidendste in den Jahren 1986/87, in der das Richtwesen und Prüfungssystem grundlegend vereinfacht wurden. Nun werden alle Prüfungen mit einem einheitlichen Punktsystem bewertet, bei dem die höchste zu erreichende Punktzahl 10

Abb. 21: Erfahrungsaustausch in der Wettkampfpause: Während die Reiter über die Strategie für den nächsten Durchgang diskutieren – oder sich über den gestrigen Reiterball unterhalten –, warten die Pferde geduldig auf ihren nächsten Auftritt.

beträgt. Um die Prüfungen, bei denen vorher jeder Reiter einzeln starten durfte, zeitlich zu verkürzen, wurden Gruppenprüfungen eingerichtet. Nur wer in den Gruppenprüfungen eine festgelegte Punktzahl erreicht hat, darf einzeln starten.

Die Diskussionen, wie man das Turniergeschehen weiter straffen könnte, um mehr Zeit für Schaunummern und das Drumherum zu haben, halten weiter an. Denn um allen Familienmitgliedern die Teilnahme am Turnier zu ermöglichen, wurde eine Freizeit-, eine Jugend- und eine Sportklasse geschaffen. Die Zahl der Prüfungen wuchs also ständig, ohne daß die Turniere abwechslungsreicher wurden, denn in jeder Klasse gab es nun Töltprüfungen, Gangprüfungen und so weiter. Die Turniere nahmen Ausmaße an, wie sie an zwei Tagen kaum noch zu bewältigen waren.

Die Sportpferde sind heute überwiegend Spezialistenpferde geworden, und das führte zu einem hohen Niveau und zu Leistungen, die ins Staunen versetzen können. Auf der anderen Seite werden durch die hohe Spezialisierung die Turniere eher einseitig – wo sie doch ein Schaufenster für eine der vielseitigsten Pferderassen sein sollen. Ein Dilemma, für das man auch in Islandpferdekreisen noch keine Lösung gefunden hat.

Die älteste Prüfung – die Töltprüfung

Die längste »Tradition« unter den Islandpferdeprüfungen haben die Töltprüfungen. Von Beginn an standen sie bei den »Pionieren«, die sich ja zur Weiterentwicklung ihrer Kenntnisse im Töltreiten trafen, im Mittelpunkt des Interesses. Zunächst wurden die Pferde im Tölt nur einzeln auf die Reinheit der Gangart geprüft. Bewertet wurden der Sitz des Reiters und die Durchlässigkeit des Pferdes.

Um die Bemühungen um den Tölt zu unterstützen und der Töltprüfung insgesamt einen höheren Stellenwert zu geben, entschloß sich die isländische Landwirtschaftskammer zu einer für das psychologische Gespür dieses Naturvolks bezeichnenden Aktion: Am 23. Mai 1960 unterzeichnete der isländische Landwirtschaftsminister Ingólfur Jonsson die Stiftungsurkunde zu einem kostbaren Töltpreis, einem Pokal in Form eines auf schwarzem Fuß stehenden, in Silber gefaßten Trinkhorns. Dieser Preis sollte als Wanderpreis jährlich demjenigen verliehen werden, der nach einem Richterspruch »den besten Tölt« reitet. Als Wanderpreis ging der Töltpreis nicht in den endgültigen Besitz des Siegers über, doch wurde am Fuß der Trophäe ein Silberschildchen angebracht, auf dem der Name des Siegers, der Name des von ihm gerittenen Pferdes sowie Ort und Datum des Treffens eingraviert wurden. Der kostbare Preis wurde eigens von einer isländischen Delegation, bestehend aus Vignir Gudmundsson, Höskuldur Eyjolfsson, Pall Sigurdsson und Gunnar Bjarnason, überbracht und anläßlich des Turniers in Schlüchtern der Siegerin im Töltpreis, Ursula Bruns auf Hela, erstmals verliehen.

Trotzdem dauerte es lange ...

Dennoch dauerte es noch einige Zeit, bis sich der Töltpreis als Prüfung auf den Turnieren durchsetzte. Dressurprüfungen, Springen und Reiterspiele wie Ringstechen, Geschicklichkeitsreiten und vieles mehr hatten einen wesentlich höheren Stellenwert. Immer wieder liest man in Berichten aus dieser Zeit die Forderung nach einem geeigneten harten Untergrund für die Tölt-

Abb. 22: Einer der Besten, der Wallach Briann frá Holum unter Sigurbjörn Bárdarson, Gewinner des Tölt-Preises auf der Europameisterschaft 1987 in Weistrach/Österreich.

prüfung. Die auf den Ponyturnieren zur Verfügung gestellten Wiesen- oder Sandplätze machten es den Reitern und Pferden zusätzlich schwer. 1963 und 1964 war der Töltpreis als Prüfung sogar vollständig von den Turnieren verschwunden.

Durch Impulse aus Bayern und dem Rheinland lebte diese Prüfung jedoch recht plötzlich wieder auf. Seit dem Jahr 1965, in dem sich in Wiehl 14 Tölter den Richtern stellten, nahmen die Starterzahlen, das Interesse und der Stellenwert der Töltprüfung auf den Turnieren stetig zu. Heute ist der Töltpreis neben der Fünfgangprüfung zur unumstritten wichtigsten Prüfung auf den Islandpferdeturnieren geworden.

Töltpreis ja – aber wie?

Schon 1965 in Wiehl hatte man sich grundlegende Gedanken um die Durchführung und Bewertung der Töltprüfung gemacht. Erstmals wurde der Töltpreis auf einem harten, ebenen Untergrund, auf dem Reiter, Richter und Publikum den Takt deutlich hören konnten, durchgeführt. Man entschied damals, die Qualität des Tölts anhand von drei Kriterien zu messen und durch Addition der drei Einzelwertungen den Sieger zu ermitteln. Das erste Kriterium war der Takt – »Taktklarheit als wichtigste Voraussetzung«, schrieb Ursula Bruns –, der mit Punkten von 0 bis 10 bewertet wurde. Zweites Kriterium war die Präsenz, für die es ebenfalls 0 bis 10 Punkte gab. Präsenz wurde 1965 wie folgt definiert: »Mit dem Takt als Grundlage erfolgt die Konzentration auf Durchlässigkeit und Aufrichtung. Das Pferd soll mit Schwung gehen und einen vibrierend lebendigen Ausdruck vermitteln.« Die dritte Möglichkeit, Punkte zu sammeln, war die Geschwindigkeit.

Die nächsten Jahre waren von einer fast fieberhaften Suche nach der optimalen Form für den Töltpreis geprägt. So sah die Ausschreibung im Jahr 1967 folgende Durchführung vor: Zunächst sollten alle Teilnehmer einmal gemeinsam die Bahn auf und ab reiten, damit sich die Richter einen Gesamteindruck vom Starterfeld machen konnten. Anschließend startete jeder Reiter einzeln, entsprechend der ausgelosten Reihenfolge. Er mußte die Prüfungsstrecke einmal auf und ab reiten, wobei die Strecke vom Start weg nicht bewertet wurde. Noten gab es für Takt und

Präsenz, nicht mehr für die Geschwindigkeit.

1969 wurde bereits in zwei Klassen Tölt geritten. Über die sogenannte Anwärterklasse mußte sich jeder Reiter für den Töltpreis qualifizieren. 1970 wurde der Töltpreis dann von der Teerstraße auf die heute noch verwendete Ovalbahn verlegt.

Die Ovalbahn

Die Ovalbahn als heute noch gebräuchliche Prüfungsstrecke ist eine breite, aus hartem, aber federndem Material angelegte, ebene, ovale Rundbahn, auf der eine Runde einer Wegstrecke von 200 Metern entspricht (genormtes Europamaß). Auf dem Kontinent werden fast alle Töltwettbewerbe und Gangprüfungen (siehe unten) auf dieser Bahn durchgeführt. In den 17 Jahren seit der »Erfindung« der Bahn wurden verschiedene, jeweils für eine bestimmte Reiter- oder Pferdegruppe optimale Töltprüfungen für diese Bahn erprobt und konzipiert. Aus diesem Grund können heute folgende Varianten der Töltprüfung ausgeschrieben werden:

Töltprüfung für Fünfgänger
Die Töltprüfung speziell für die Fünfgänger, genannt Töltprüfung IPO 1.1. Entwickelt wurde diese Prüfung, da es uninteressant ist, von einem Fünfgänger im Tölt dasselbe zu verlangen wie von einem Viergänger. Fünfgänger lassen sich im Tempo nicht so leicht variieren und tendieren verständlicherweise im starken Tempo zum Paß. Viel mehr Wert legen Reiter und Richter bei

Leitgedanke / Tölt	Arbeitstempo	Tempoverstärken	Starkes Tempo
sehr schlecht / **schlecht** / **ziemlich schlecht**	0 Nichterfüllung. Kein Tölt oder Renntempo.	0 Nichterfüllung. Keine Tempounterschiede.	0 Nichterfüllung. Arbeitstempo.
	1 Ständig anhaltende Taktfehler: Trabtölt, Paßtölt, Rollen, Wechseln.	1 Kaum Tempounterschiede, grobe Fehler in Takt und Haltung, sehr unharmonische grobe Einwirkung. Schlechtes Arbeitstempo.	1 Anhaltende, häufige Taktfehler. Extrem schlechte Haltung,
	2 starker Ungehorsam.	2 }	2 zu geringes Tempo. Sehr unharmonische,
	3 Grobe Haltungsfehler, grobe Tempofehler, starke Maulschwierigkeiten.	3 Ordentliches Arbeitstempo ohne nennenswerte Tempounterschiede.	3 grobe Einwirkung.
Übergangsbereich / **knapp ausreichend**	4 Anhaltende Taktfehler dürfen nicht mehr vorkommen. Haltungsfehler bei ordentlichem Takt. Sehr leichte Taktverschiebungen werden noch in Kauf genommen.	4 Ordentlicher Takt bei ausreichenden Tempounterschieden, oder bessere Leistung mit ständigem Haltungsfehler.	4 Im Tempo noch nicht ausreichend, aber in Takt und Haltung korrekt.
ausreichend / **befriedigend**	5 Geregelter Takt. Ordentliches Arbeitstempo mit vereinzelten Fehlern.	5 Geregelter Takt. Deutliche Tempounterschiede mit vereinzelten Fehlern. Tempounterschiede dürfen noch etwas länger dauern.	5 Geregelter Takt. Schneller als Mitteltempo bei kleinen Fehlern, oder starkes Tempo mit ständigem Haltungsfehler.
	6 Geregelter Takt bei korrektem Sitz und Einwirkung, aber ohne Höhepunkte in Bewegung und Haltung.	6 Deutliche harmonische Übergänge ohne Höhepunkte.	6 Mehr als Mitteltempo, nahezu fehlerfrei geritten, oder wirklich starkes Tempo mit zu vielen Fehlern.
Übergangsbereich / **voll befriedigend**	7 Korrektes, geregeltes, gelöstes Arbeitstempo mit guten Bewegungen und aufmerksamer Haltung, oder viel Harmonie und Ausdruck bei eher durchschnittlicher Bewegung.	7 Deutliche harmonische Übergänge mit guten Bewegungen und guter Haltung in beiden Tempi, oder deutliche harmonische Übergänge mit viel Harmonie und Ausdruck bei eher durchschnittlicher Bewegung in beiden Tempi.	7 Deutlich starkes Tempo mit hoher, weiter Bewegung bei kleinen Fehlern oder deutlich starkes Tempo mit viel Harmonie und Ausdruck bei eher durchschnittlicher Bewegung.
gut / **sehr gut** / **ausgezeichnet**	8 Unbedingt klarer Takt. Gelöst und erhaben,	8 Absolut guter Takt und hohe und weite Bewegungen im Arbeits- wie im Mitteltempo.	8 Hohes Tempo. Klarer sicherer Takt fast über die ganze Runde.
	9 fließende, hohe und weite Bewegung, akzentuiert.	9 Ausdrucksvolle Haltung.	9 Hohe, weite Bewegungen. Ausdrucksvolle Haltung,
	10 Ausdrucksvolle Haltung.	10 Verstärken und Einfangen harmonisch und direkt.	10 Harmonie.

den Fünfgängern auf den lockeren, selbstverständlichen Tölt. Denn gerade der Fünfgänger verspannt sich aufgrund des hohen Temperaments – das ja für den Paß erforderlich ist – und aufgrund seiner gebäudemäßigen Voraussetzungen gerne in Richtung Paß.

Verlangt werden in dieser Prüfung zunächst mehrere Runden im freien Tempo Tölt (das Tempo, in dem das Pferd am besten töltet), sodann mehrere Runden im langsameren, ruhigeren Tölt. Nach einem Handwechsel sollen die Pferde im Arbeits- bis Mitteltempo tölten, wobei der Reiter die Zügel in eine Hand nehmen und mit dieser Hand so weit vorgehen soll, daß das Pferd am durchhängenden Zügel mehrere Runden tölten kann. Anschließend sollen, entsprechend dem Ausbildungsstand des Pferdes, Tempounterschiede herausgeritten werden. Die Töltprüfung 1.1 wird immer in der Gruppe (maximal sechs Pferde auf der Bahn verteilt) geritten.

Der Töltpreis für die Viergänger

In dieser – sogenannten »Großen Töltprüfung« – IPO 1.4 werden auch der jeweilige Landes- beziehungsweise Europameister im Tölt ermittelt.

Der Töltpreis stellt hohe Anforderungen an Bewegung und Ausbildung des Pferdes, obwohl seine Aufgabenteile zunächst höchst einfach anmuten. Zunächst wird eine Runde Arbeitstempo verlangt. Nach einem Handwechsel soll – erneut auf einer Runde – an den langen Seiten der Ovalbahn das Tempo deutlich verstärkt und vor bzw. in den Ecken zur kurzen Seite wieder zum Arbeitstempo eingefangen werden. An den kurzen Seiten wird Arbeitstempo

Tölt verlangt. Im dritten Aufgabenteil muß eine Runde im starken Tempo Tölt geritten werden. Im Töltpreis starten die Pferde einzeln. Bewertet werden Takt, Rittigkeit, Ausdruck und Bewegung des Pferdes. Für den Töltpreis müssen sich seit der IPO Auflage 1987 Reiter und Pferd über die Töltprüfung 1.3 qualifizieren. In dieser Töltprüfung sind dieselben Anforderungen zu erfüllen, es befinden sich jedoch drei Pferde auf der Bahn.

Töltprüfungen für die Freizeitreiter

Für die Freizeitreiter wurde die Töltprüfung IPO 1.5 entwickelt. In einer Gruppe von maximal sechs Reitern, verteilt auf der Bahn, werden mehrere Runden im Arbeitstempo Tölt und nach einem Handwechsel im freien Tempo Tölt geritten. Auch in dieser Prüfung wird der Schwerpunkt vorrangig auf Töltsicherheit und Takt gelegt. Ebenfalls für die Freizeitreiter gedacht, aber eher selten ausgeschrieben ist die Töltprüfung 1.2. Bei dieser Prüfung, die von den Anforderungen her sehr einfach ist, kommen bis zu zehn Pferde gleichzeitig auf die Bahn und tölten auf beiden Händen im Arbeits- bzw. Mitteltempo, das heißt in dem Tempo, in dem ihr Pferd am besten gleichmäßig und flüssig gehen kann.

Bei allen Töltprüfungen wird eine Vor- und eine Endausscheidung geritten. In der Endausscheidung kämpfen die fünf besten Paare der Vorentscheidung um die Plätze. Alle Töltprüfungen gibt es auch als Jugendprüfungen.

Die Gangprüfungen

Die Gangprüfungen haben sich im Laufe der Jahre als ein weiterer Schwerpunkt der Islandpferdeturniere herauskristallisiert. Welch atemberaubende Entwicklung gerade auf diesem Gebiet der Islandpferdereiterei in den letzten dreißig Jahren vor sich ging, verdeutlicht am besten ein Satz, den Ursula Bruns im Jahre 1965 schrieb: »Ein fernes Fernziel, dessen Verwirklichung ich eben erst in Südafrika eindrucksvoll miterlebte, bleibt es, Prüfungen auszuschreiben und zu beschikken, an denen vier oder sogar fünf Gangarten ein und desselben Pferdes sauber demonstriert werden.«

Abb. 23: Kein Problem ist die Unterbringung der Pferde während des Turniers. Man läßt einfach die Hängerklappe offen, damit die Pferde vor Sonne und Regen Schutz suchen können, und steckt einen kleinen Paddock-Zaun ab.

Die Suche nach der geeigneten Form

Wenig später, im Jahr 1967, wurden die ersten Versuche mit Mehrgangprüfungen gestartet. Es wurde eine Viergangprüfung ausgeschrieben, in der, im Gegensatz zu heute, in der ein Viergänger als ein Pferd definiert ist, das Schritt, Trab, Tölt und Galopp geht, nacheinander vier Gangarten gezeigt werden

Leitgedanke	Schritt	Trab	Tölt
Vier- u. Fünfgang	0 Nichterfüllung	0 Nichterfüllung, extremes Renntempo.	0 Nichterfüllung. Kein Tölt oder Renntempo.
sehr schlecht / schlecht / ziemlich schlecht	1 Zackeln, Paßschritt. 2 Zu langsam. Eilen. Stark ungleiche Schritte. 3 Kein Siegeln. Unaufmerksam bei ordentlichem Takt. Grobe Anlehnungs- und Haltungsfehler.	1 Unrein. Ständiges Rollen. 2 Gelaufen (nah am Tölt.) 3 Ordentlicher Trab, aber noch Unsicherheiten (z.B. mehrfaches Wechseln der Gangart). Grobe Anlehnungs- und Haltungsfehler.	1 Ständig anhaltende Taktfehler, Trabtölt, Paßtölt, Rollen, Wechseln. 2 Starker Ungehorsam. 3 Grobe Haltungsfehler, starke Maulschwierigkeiten, grobe Tempofehler.
Übergangsbereich knapp ausreichend	4 Leichte Taktfehler noch möglich. Freie Haltung.	4 Ordentlicher Trab mit leichten Unstimmigkeiten in Takt und Haltung, oder sicherer Trab mit schleppenden, ausdruckslosen Bewegungen.	4 Anhaltende Taktfehler dürfen nicht mehr vorkommen. Haltungsfehler bei ordentlichem Takt. Leichte Taktverschiebungen werden noch in Kauf genommen.
ausreichend befriedigend	5 Keine Taktfehler, freie Haltung, schreitend. 6 Keine Taktfehler, freie Haltung, schreitend, raumgreifend. Gute Anlehnung bei wenig Raumgriff.	5 Klarer Takt. Ordentlicher Trab mit vereinzelten Fehlern. 6 Geregelter Takt bei korrektem Sitz und Einwirkung, gute Bewegung, freie Haltung. Am Zügel, aber wenig Bewegung.	5 Geregelter Takt. Ordentliches Arbeits- bzw. Mitteltempo. 6 Geregelter Takt bei korrektem Sitz und Einwirkung, aber ohne Höhepunkte in Haltung und Bewegung.
Übergangsbereich voll befriedigend	7 Am Zügel, schreitend, gute Bewegung, oder Am Zügel, schreitend, viel Harmonie und Ausdruck, aber eher durchschnittliche Bewegung.	7 Am Zügel, gute Bewegung, oder am Zügel, viel Harmonie und Ausdruck, aber eher durchschnittliche Bewegung.	7 Korrekt in Takt und Tempo, gute Bewegung und aufmerksame Haltung, oder korrekt in Takt und Tempo mit viel Harmonie und Ausdruck bei eher durchschnittlicher Bewegung.
gut / sehr gut / ausgezeichnet	8 Am Zügel. Schreitend. Raumgriff. 9 Gute Bewegung. 10 Mit viel Ausdruck.	8 Am Zügel. 9 Gute Bewegung. Leicht und federnd. 10 Auch im Arbeitstempo möglich. Mit viel Ausdruck.	8 Unbedingt klarer Takt, gelöst und erhaben, fließende hohe und weite Bewegung. Akzentuiert. Ausdrucksvolle Haltung. 9 Auch: Weniger akzentuiertes Gehen 10 mit sehr großen lockeren Bewegungen (z.B. Fünfgänger).

Leitgedanke	Galopp	Starkes Tempo Tölt	Rennpaß
Vier- u. Fünfgang **sehr schlecht** **schlecht** **ziemlich schlecht**	0 Nichterfüllung. Ständiges Wechseln, Kreuz-, Außen- oder Renngalopp. 1 Extremer Vierschlag. 2 Stark weggelaufen, Pullen. 3 Paßgalopp.	0 Nichterfüllung. Arbeitstempo. 1 Zu geringes Tempo. 2 Anhaltende häufige Taktfehler, extrem schlechte Haltung. 3 Sehr unharmonisch, grobe Einwirkung.	0 Nichterfüllung. Zu langsam, Wechseln, Renntölt. 1 Gerade die Grenze des Renntempos erreicht. 2 Pferd, das von der Leistung in den mittleren Bereich kommen könnte, aber sehr unharmonisch vorgestellt wird. 3 Pferd, das Schwierigkeiten hat, aufs Tempo zu kommen, gegen Ende der langen Seite aber mittleres Tempo erreicht.
Übergangsbereich knapp ausreichend **ausreichend** **befriedigend**	4 Taktfehler noch möglich, flach, zu schnell, oder ordentlicher Galopp, aber unaufmerksam. 5 Leichte Fehler in Takt, Haltung und Tempo noch möglich. 6 Leichter Vierschlag noch möglich bei geregelter, guter Bewegung, freie Haltung, oder gesprungen, aber nicht am Zügel.	4 Im Tempo noch nicht ausreichend, aber Takt und Haltung korrekt. 5 Geregelter Takt. Schneller als Mitteltempo bei kleinen Fehlern, oder starkes Tempo mit ständigem Haltungsfehler. 6 Mehr als Mitteltempo, nahezu fehlerfrei geritten oder wirklich starkes Tempo mit zu vielen Fehlern.	4 Rennpaß ohne besonders gute Veranlagung für Rennen. Oft erkennbar durch starke Hilfengebung. 5 Guter Rennpaß, aber noch leichte Unsicherheiten. Wenig Streckung. 6 Sehr schnell bei unschöner Vorstellung.
Übergangsbereich voll befriedigend	7 Gesprungen, am Zügel gute Bewegung oder gesprungen, am Zügel mit zu viel Harmonie und Ausdruck bei eher durchschnittlicher Bewegung, oder geregelt, viel Harmonie und Ausdruck bei noch nicht ganz leichtem Vierschlag (Fünfgänger).	7 Deutlich starkes Tempo mit hohen weiten Bewegungen bei kleinen Fehlern oder wirklich starkes Tempo mit zu vielen Fehlern.	7 Gute Streckung, gutes Tempo, aber noch keine Brisanz.
gut **sehr gut** **ausgezeichnet**	8 Am Zügel. Bergauf. 9 Gute Bewegung. Viel Ausdruck. 10 Rund gesprungen.	8 Harmonie, klarer, sicherer Takt fast über die ganze Runde, 9 hohe, weite Bewegungen, ausdrucksvolle Haltung, 10 sehr hohes Tempo.	8 Hohes Tempo, sicheres Liegen, gute Streckung, gute Bewegung. 9 Hohes Tempo, sicheres Liegen, gute Streckung, gute Bewegung, 10 Legen möglichst aus dem Galopp, Brisanz.

mußten. Der Reiter töltete vom Start bis zum »ersten weißen Strich« (eine Markierung auf der Teerstraße). Von dort bis zum »zweiten weißen Strich« (10 m) hatte er Zeit, sein Pferd in die neue Gangart, entweder vom Tölt zum Trab oder vom Tölt in den Paß, umzustellen. Für die Fünfgangprüfungen lauteten die Anweisungen damals: Der Reiter reitet bis zur ersten Markierung im Trab, im Tölt bis zur dritten Markierung und anschließend weiter im Rennpaß. Als dann 1970 das Gangprüfungs-Geschehen auf die Ovalbahn verlegt wurde, gestattete man den Reitern sogenannte »Umsprungzonen«, die zeitweise von der Mitte der kurzen Seite bis nach der ersten Ecke der langen Seite und später über die ganze kurze Seite reichten, in denen der Wechsel zur anderen Gangart vollzogen werden mußte. Die »Leistungen« in dieser Umsprungzone wurden natürlich ebenfalls mit Akribie bewertet.

Aus der Viergangprüfung war auf der Ovalbahn dann das geworden, was man auch heute noch darunter versteht. Von den Pferden wurden die Aufgabenteile Schritt, Trab, Tölt und Galopp und starkes Tempo Tölt verlangt, den Paß in der Viergangprüfung gab es nicht mehr. Lange Jahre war die Reihenfolge der Gangarten mit dem Schema: eine halbe Runde Schritt und dann jeweils eine Runde Trab, Tölt und Galopp sowie zwei lange Seiten Rennpaß, festgeschrieben. Auch hier brachte erst die Ausgabe der IPO 1987, nach der die Reihenfolge der Gangarten dem Reiter überlassen ist, eine Änderung. Allerdings hat sich diese international noch nicht durchgesetzt.

Heute werden auf Islandpferdetur-nieren in der Regel folgende Gangprüfungen ausgeschrieben:

Die Viergangprüfung IPO 2.1

Die Reiter haben laut den Anforderungen fünf Runden zur Verfügung, um ihre Pferde vorzustellen. Die Reihenfolge der Gangarten bleibt dabei dem Reiter selbst überlassen. Die Prüfung wird einzeln geritten, und um sie reiten zu dürfen, muß man sich ebenso wie im Töltpreis erst in einer Gruppenprüfung, der Viergangprüfung 2.2, qualifiziert haben. Die Reihenfolge der Gangarten wurde für die Gruppenprüfung wie folgt festgelegt: Arbeitstempo Tölt, Trab, Schritt, Arbeitstempo Galopp und starkes Tempo Tölt. Bei der Festschreibung der Reihenfolge lagen sowohl dramaturgische wie auch – speziell in der Endausscheidung – konditionsbedingte Überlegungen zugrunde: Es sieht für Publikum und Richter schick aus, wenn die Pferde im Tölt in die Bahn kommen und die Prüfungen beginnen, und mit dem Schritt zwischen den beiden Blöcken mit den schnellen Gangarten haben die Pferde ausreichend Zeit, durchzuatmen.

Die Fünfgangprüfung IPO 3.1

Die Reiter haben fünf Runden zur Verfügung, um ihre Pferde in den fünf Gangarten vorzustellen, die dem Islandpferd zur Verfügung stehen. Die Fünfgangprüfung kann als Krone der Islandpferdereiterei betrachtet werden, denn sie stellt die höchsten Anforderungen an die Ausbildung und den Gehorsam eines Pferdes. Selbst absoluten Profis auf dem Fünfgangsektor passiert es immer wieder, daß eine Gangart nicht klappt, das Pferd zu nervös ist,

Abb. 24: Eine Viergang-Schecke mit enormem Gangvermögen ist der Wallach Vaengur frá Hojbjerg. Unter seinem Reiter Preben Troels-Smith war er zweimal Teilnehmer an Viergang-Wettbewerben von Europameisterschaften.

um Schritt zu gehen, zu verspannt, um zu traben oder daß der Paß auf der Ovalbahn nicht klappt. Auch zum Fünfgangpreis muß man sich erst in der Fünfgangprüfung 3.2 in der Gruppe qualifizieren.

Vorwiegend für die Freizeitreiter ist die Viergangprüfung 2.3 gedacht. Sie wird in der Gruppe geritten und verlangt, im Gegensatz zur Viergangprüfung 2.1 (bzw. 2.2), kein starkes Tempo Tölt.

Dressurprüfungen

Obwohl sehr viele Ausbilder die Notwendigkeit der Gymnastizierung ihrer Pferde durch Dressurreiten immer wieder betonen, wird auf den Turnieren ständig vor Augen geführt, daß viele Reiter sie nur als notwendiges und deshalb vernachlässigtes Übel ansehen.

Gute Dressurprüfungen sind auf Islandpferdeturnieren eine Seltenheit. Die Einführung einer Dressurkür, bei der der Reiter sich seine Aufgabe, mit Musik unterlegt, selbst zusammenstellen kann, hat das Interesse am Dressurreiten beleben können und neue Impulse gebracht. Bis zum Schwierigkeitsgrad von L-Lektionen kann ein Islandpferd problemlos ausgebildet

Abb. 25: Besonders Viergänger eignen sich auch zum Dressurreiten. L- und verschiedene M-Lektionen sind für einen sauber ausgebildeten Isländer kein Problem.

werden. Viergänger eignen sich zur Ausbildung als Dressurpferde eher als Fünfgänger, die oft gebäudebedingte Schwierigkeiten mit den Galopplektionen haben.

Für die Spezialisten: Paßrennen

Zu den wichtigsten Prüfungen auf den Turnieren gehören die Paßrennen und die Paßprüfung. Lange Zeit fristeten die Paßrennen ein Stiefkinderdasein bei den Islandpferdetreffen auf dem Kontinent. Wenige geeignete Strecken, wenige gute Pferde und vor allem die Mentalität vieler Reiter außerhalb Islands ließen die Prüfung lange nicht aus dem Schatten der anderen treten. Denn Paßreiten konnte man nicht so üben wie das Töltreiten, und auch heute kann man die Reiter, die einen Rennpaßer ausbilden können, noch zählen.

Das Interesse an der extremen Gangart begann erst in den achtziger Jahren richtig zu wachsen. Der 1985 gegründete Paßverein erlebte europaweit einen bemerkenswerten Aufschwung, und die jährlich veranstalteten Paßtreffen läßt sich kein Insider entgehen. Rennen gibt es heute über 150 m, 200 m und 250 m, das 200-m-Rennen wird aber eher selten ausgeschrieben. Zum Paßrennen werden die Pferde aus dem Stand gestartet. Die ersten 50 m können in beliebiger Gangart zurückgelegt werden, ab der 50-m-Marke muß das Pferd bis zur 150-m- bzw. 250-m-Marke im Rennpaß sein. Schon bei einem einzigen Galoppsprung (nicht zu verwechseln mit einer »Galopprolle«, bei der das Pferd über wenige Meter hinten nicht gleichmäßig zutritt und den Takt deshalb in Richtung Galopp verschiebt) auf dieser Strecke wird der Reiter disqualifiziert. Je nach Breite der Bahn starten zwei bis vier Reiter gemeinsam. Es werden immer zwei Läufe ausgeschrieben – bei großen Veranstaltungen sogar hin und wieder vier Läufe. Sieger ist der Reiter, der, gleich in welchem Durchgang, die schnellste Zeit erritten hat.

Abb. 26: Der mehrfache Weltmeister im Paßreiten, Ali Adalsteinsson, auf Baldur frá Sandholum.

Bei der Paßprüfung, die als Vorbereitung eines Pferdes für die Paßrennen betrachtet wird, wird neben der Zeit auch noch der Paßstil von Pferd und Reiter bewertet. Die Prüfung wird einzeln geritten. Zwischen dem Start und der 50-Meter-Marke galoppiert der Reiter sein Pferd an und legt es nach einigen Galoppsprüngen in den Paß. Auf einer Strecke von 100 Metern wird die Zeit genommen, und auf dieser Strecke muß das Pferd im Paß liegen. Danach nimmt der Reiter sein Pferd zum Tölt oder Trab zurück.

Die Bewertung gliedert sich in Zeit- und Stilnoten. Vier Stilnoten werden für die Aufgabenteile »Legen« in den Paß, Präsenz im Paß während der ersten 50 Meter, Präsenz im Paß während

Leitgedanke		Richter I (Bewertet das Angaloppieren, den Galopp und das Legen)	Richter II und III (Bewerten die Qualität des Rennpaßes)	Richter IV (Bewertet die Harmonie des Zurücknehmens)
Paßprüfung	0	Nichterfüllung, Kein Legen, kein Rennpaß an der 50 m-Linie.	Nichterfüllung, Zu langsam, kein Rennpaß. Galoppfehler (ein ganzer Galoppsprung).	Nichterfüllung, Pferd galoppiert über das Ziel. Angaloppieren im Auslaufbereich, Wechseln im Auslaufbereich. Vermindern des Tempos nicht erkennbar.
Fehlerbereich sehr schlecht	1	Legen mit großen Schwierigkeiten (Wechseln). Grobe Hilfen bei geringem Tempo.	Knappes Renntempo, gerade noch zu werten.	Geringes Tempo an der Ziellinie, verbunden mit Schwierigkeiten beim Zurücknehmen, grobe Hilfen.
schlecht	2	Legen aus dem Galopp, aber knapp ausreichendes Tempo.	Mittleres Tempo, aber sehr unharmonisch.	Harmonisches Zurücknehmen aus zu geringem Tempo, oder gerade noch erkennbares Zurücknehmen aus hohem Tempo.
ziemlich schlecht	3	Unsicher, z. B. Galopp wirkt unkontrolliert, oder Kreuzgalopp oder Antritt im Paß mit deutlichen Schwierigkeiten oder Legen aus dem Tölt (kein Galopp), aber guter Rennpaß.	Deutliche Unsicherheiten, häufige Taktfehler, aber ordentliches Tempo.	Extrem ruckartiges Stoppen aus gutem Rennpaß.
Durchschnittsbereich knapp ausreichend	4	Legen aus dem Galopp, imponierendes Tempo (guter Rennpaßer) bei extrem schlechter Hilfengebung (schlechter Reiter).	Imponierendes Tempo (guter Rennpaßer) bei extrem schlechter Hilfengebung (schlechter Reiter).	Zurücknehmen aus hohem Tempo (guter Rennpaßer) bei extrem schlechter Hilfengebung (schlechter Reiter).
ausreichend	5	Passables Angaloppieren, ordentlicher Galopp, ruhiges Legen. Rennpaß ohne besonders guten Antritt.	Durchschnittlich sauberes Liegen ohne Brisanz.	Ordentliches Zurücknehmen aus gutem Tempo.
befriedigend	6	Angaloppieren, Galopp, Legen und Antritt im Rennpaß ohne Höhepunkte.	Gutes Tempo, gelegentliche Unsicherheiten, ohne Höhepunkte.	Nicht harmonisches Zurücknehmen aus hohem Tempo, oder sehr schönes Zurücknehmen aus mittlerem Tempo.
Überdurchschnittsbereich voll befriedigend	7	Ruhiges, aber energisches Angaloppieren, Temposteigerung im Galopp, sicheres Legen, guter Antritt. Kleinere Fehler noch möglich.	Gutes Tempo, sicheres Liegen, guter Raumgriff und Streckung, Kleinere Fehler noch möglich.	Gutes Zurücknehmen aus hohem Tempo. Kleinere Fehler noch möglich.
gut	8	Ruhiges, aber energisches Angaloppieren, deutliche Temposteigerung im Galopp, Legen schnell, präzise, ohne Zeitverlust mit unmerklichen Hilfen. Direktes Antreten in hohes Tempo.	Energie, Brisanz, Tempo, sicheres Liegen, deutliche Streckung, mittlere Aufrichtung, harmonisch geritten.	Gutes sicheres Zurücknehmen mit harmonischer Hilfengebung aus hohem Tempo. Pferd darf nicht tief kommen.
sehr gut	9	}	}	}
ausgezeichnet	10	Temposteigerung annähernd perfekt. Außergewöhnliche Leistung.	Temposteigerung annähernd perfekt. Außergewöhnliche Leistung.	Annähernd perfekt. Außergewöhnliche Leistung.

der zweiten 50 Meter und Zurücknehmen aus dem Paß gegeben.

Geländeprüfungen

Geländeprüfungen werden auch heute noch auf vielen Islandpferdeturnieren ausgeschrieben. Die Anforderungen sind einer Military-Geländeprüfung abgesehen. Auf einer Strecke von 1500 m bis 2500 m Länge müssen einzelne, bis zu 80 Zentimeter hohe und 2 Meter breite, feste Hindernisse überwunden werden. Die Strecke ist dabei unterteilt in Abschnitte, zu denen zwingend eine Schrittstrecke und eine Zeitstrecke gehören.

In jüngster Zeit werden auf Islandpferdeturnieren, vor allen Dingen auf Freizeit- und Jugendturnieren, lustige Spielprüfungen und Rennen ausgeschrieben, bei denen Reiter, die weniger oder keine Amibitionen zum »großen« Sport haben, Entspannung finden.

Abb. 27 (S. 59 oben): Auf der Geländestrecke.

Abb. 28 (S. 59 unten): Eine typische Prüfung auf Freizeit-Turnieren: Die Tonnen-Rennen.

Freizeit mit Islandpferden

Ideale Kameraden für Freizeit und Gelände

Jahrhundertelang waren die Pferde das einzige Transportmittel in Island. Die Menschen waren täglich – nicht nur in Notsituationen – auf das Pferd angewiesen und trafen die Wahl ihrer Reitpferde, nicht zuletzt um ihrer eigenen Sicherheit willen, mit größtmöglicher Sorgfalt. Charakter und Gehwille, Trittsicherheit und Ausdauer waren die Eigenschaften, auf die der Reiter größten Wert legte. Und so ist in der beinahe tausend Jahre währenden Isolationszucht, geprägt von einem rauhen, unwirtlichen Land, das ideale Freizeit- und Geländepferd entstanden. Es ist ausdauernd und fleißig, temperamentvoll und doch gelassen, trittsicher und mutig. In allen Ländern, in denen es Islandpferde gibt, wird diese Rasse als Freizeitkamerad und Wanderbegleiter hoch geschätzt.

Allein durch die Gangart Tölt wird der tägliche oder sonntägliche Ausritt, allein oder in der kleinen Gruppe, zu einem Vergnügen. Das Ausreiten sollte im Interesse von Reiter und Pferd auch beim Turnierreiter niemals zu kurz kommen und sollte zudem Bestandteil jeder Ausbildung sein. Ängstliche Reiter oder Pferde verlieren im Gelände viel eher ihre Hemmungen und können sich schneller entspannen. Ausreiten macht nicht nur den Reitern, sondern auch den Pferden Spaß, und erst im Gelände mit ständig wechselndem Geläuf ohne Anlehnung und ständig veränderter Umgebung erreicht das junge Pferd die Sicherheit in einem Gang (zum Beispiel im Tölt) und wird optimal konditioniert.

Rittgestaltung

Grundsätzlich sollte jeder Ausritt entsprechend der Kondition und dem Ausbildungsstand des Pferdes gestaltet werden. Jeder Ritt ist mit einer längeren Schrittstrecke zu beginnen. Die Strecken sollten so eingeteilt werden, daß es möglich ist, eine Gangart länger zu reiten, z. B. zwei bis drei Kilometer im Tölt. Asphalt und schwierige Strecken sollten, mit wenigen Ausnahmen, im Schritt geritten werden. Auf den täglichen kürzeren Ritten im Gelände können erzieherische und gymnastizierende Übungen »eingeflochten« werden.

Beim Ausreiten in der Gruppe sollte man sich im Tempo immer nach dem schwächsten Reiter richten. Tölten in der Gruppe sollten dabei nur Reiter mit Pferden, die mindestens Arbeits- und Mitteltempo Tölt über längere Strecken mühelos gehen können. Pferde, die das noch nicht beherrschen, sollte man allein oder höchstens zu zweit – zusammen mit einem Reiter, der Rücksicht auf den Ausbildungsstand des Pferdes nehmen kann – ausreiten oder auf Gruppenausritten grundsätzlich traben. Wenn Pferde während eines ganzen Ausritts nur über die Hand getöltet werden und der

Abb. 29: Ausritte in der Gruppe gehören zu den schönsten Erlebnissen für Freizeitreiter. Man ist unter Gleichgesinnten, und Reiter und Pferd lernen sich auf langen Ritten besser kennen.

Reiter ständig im Maul zieht, so ist das nicht nur ein häßliches Bild, sondern schlichtweg Tierquälerei.

Wanderritte

Der Traum eines jeden Freizeitreiters ist das Wandern zu Pferde bzw. die Teilnahme an Wanderritten. Allein mit Pferd und Packpferd, zu zweit, in einer kleinen oder in einer großen Gruppe geht es mehrere Tage durch unbekanntes Gelände. Der Reiter hat Gelegenheit, auf zweifache Art die Natur zu erleben: in seinem Pferd und in der Landschaft. Besonders beliebt sind bei Islandpferde-Freunden die zweitägigen Wochenend-Wanderritte. Dazu lädt häufig ein Vereinsmitglied, das in einer schönen Gegend wohnt, ein. Man trifft sich freitagabends, die Pferde werden auf mit Elektrozaun abgetrennten Koppeln untergebracht. Samstags reitet man gemütlich etwa 30 bis 40 Kilometer, natürlich mit ausgiebiger Mittagsrast in Form eines Picknicks unter freiem Himmel oder in einem netten Gasthof. Abends sitzt man gemütlich beisammen, und am Sonntag wird nochmals ein kürzerer Ausritt mit Mittagseinkehr durchgeführt. An solchen

Abb. 30: Mittagspause für Reiter und Pferd: Der Reiter läßt sich seine Gulaschsuppe schmecken, die Pferde dürfen während dieser Zeit grasen.

Ritten nehmen meist zwischen 30 und 60 Reiter teil.

Das Islandpferd eignet sich zum Wanderreiten besonders gut. Die meisten Tiere lassen sich problemlos in einem mit Elektrozaun abgesteckten Weidestück halten oder, wenn ausreichend Platz vorhanden ist, sogar auf einer großen Gemeinschaftsweide unterbringen. Die Zeit der Mittagsrast beim Gasthof nutzen sie, um sich zu regenerieren. Stundenlang stehen sie friedlich nebeneinander angebunden und warten auf ihre Reiter. Auch bei den Pausen auf der Strecke sind Pferde, die ihren Reitern Schwierigkeiten machen, eine seltene Ausnahme.

Das Gehen in der großen Gruppe macht den meisten Pferden Spaß. Wanderritte in der Gruppe oder allein machen jedoch nicht nur großen Spaß, Reiter und Pferd können auf solchen Ritten auch sehr viel lernen. Das verdeutlicht auch ein altes isländisches Sprichwort, das sagt: »Erst auf einem langen Ritt lernst Du Dein Pferd richtig kennen.«

Pferd und Reiter werden ausgeglichen und lernen ihre Kräfte einzuteilen. Sie lernen, Geländeschwierigkei-

ten ohne Hast zu überwinden und gemeinsam unvorhergesehene Hindernisse zu meistern. Die Pferde lernen, sich
in den Pausen ruhig zu verhalten und
sie zum Ausruhen und Fressen zu nutzen. Nicht selten kopieren junge Pferde, die zum ersten Mal einen solchen
Ritt mitmachen, dieses Verhalten von
ihren erfahrenen Kollegen. Der Reiter

wird auf einem solchen Ritt zu einem
besseren Pferdekenner. Er lernt schon
kleine Veränderungen im Verhalten des
Pferdes festzustellen und zu bewerten.

Die Wahl des geeigneten Begleiters

Bei der Auswahl seines Pferdes sollte
der Freizeitreiter ebenso wie der Sport-
reiter, der sich für den »Spezialisten«
entscheidet, unbedingt gewisse An-
sprüche stellen. Freizeitpferde sollten
stabile, feste und harte Pferde sein. Sie
dürfen keinen weichen Rücken haben,

*Abb. 31: Ein Traum für alle Islandpferde-
Reiter: Viel Schnee, sonniges, kaltes Wetter
und lange, gebahnte Wege. Da kann man es
einmal so richtig laufen lassen, im Paß oder
im Tölt.*

und sie sollten über gute, gesunde Lungen sowie ein solides Fundament mit starken, möglichst geraden Knochen und guten Hufen verfügen. Freizeitpferde sollten Gleichgewichtspferde sein. Ideal ist der Naturtölter mit guten Grundgängen. Wichtig für das Freizeitreiten ist außerdem ein guter Schritt. Charakter und Temperament der Pferde sollten ausgeglichen sein.

Um auf längeren Ritten eingesetzt zu werden, sollte ein Pferd mindestens sechs oder sieben Jahre alt sein. Gesundheit und klare Beine sind unbedingte Voraussetzung, außerdem sollte das Pferd nicht schwerfuttrig sein. Vier bis sechs Wochen sollten sich Reiter und Pferd auf einen längeren Ritt vorbereiten.

Unbedingte Voraussetzung für unbeschwertes Wanderreiten ist ein solide ausgebildetes Pferd, das in allen Gangarten im Gleichgewicht laufen kann. Nur sehr gute Reiter sollten Problempferde auf einen Wanderritt mitnehmen, und auch das nur in Ausnahmefällen.

Häufig begegnet man auf Wanderritten Reitern, deren Pferde noch nicht selbstverständlich und im Gleichgewicht tölten können. Solche Reiter sollten, ihren Pferden und den anderen Mitreitern zuliebe, besser traben, bis die Töltausbildung ihres Pferdes soweit fortgeschritten ist, daß es mühelos vonstatten geht, denn der Wanderritt ist die absolut falsche Gelegenheit, den Pferden das Tölten beizubringen.

Grundsätzliche Ratschläge

Grundsätzlich sollte bei einem Wanderritt eher langsam geritten werden. Galoppiert werden sollte nur selten, denn das kostet zuviel Kraft und bringt häufig unnötige Unruhe in die Gruppe. Man sollte beim Wanderreiten in einen bestimmten Laufrhythmus kommen und deshalb möglichst immer längere Strecken in einer Gangart zurücklegen. Erfahrene Rittgestalter empfehlen jedoch, zu Beginn eines Wanderritts erst einmal ein längeres Stück Schritt zu reiten, damit sich die Aufregung der Pferde und Reiter legt und ein gemeinsamer Rhythmus gefunden werden kann.

Spaß macht es auch, auf einen solchen Ritt ein Handpferd mitzunehmen – auf diese Weise kann zum Beispiel ein junges Pferd, das erstmals auf einem Wanderritt geht, den ganzen Ritt mitmachen, ohne daß es gleich voll belastet wird. Mit Rücksicht auf die Mitreiter sollte man aber vorher mit beiden Pferden gründlich üben, damit es während des Wanderritts keine Probleme gibt. Es gilt auch zu bedenken, daß man mit Handpferd schlechter nebeneinander reiten und sich weniger gut unterhalten kann.

Die Zucht des Islandpferdes

Lange Tradition – junge Organisation

Obwohl das Ursprungsland der Rasse auf eine lange züchterische Tradition zurückblicken kann, gibt es erst seit relativ kurzer Zeit eine straffe Zuchtorganisation. 1920 wurde das sogenannte »aettbók«, das Stutbuch, gegründet, und 1963 waren 3200 Stuten und 600 Hengste dort registriert. Die Pferdezucht ist in Island auf drei Verwendungsmöglichkeiten abgestimmt: auf die Verwendung als Reitpferd, als Schlachtpferd und als Arbeitspferd. Vor allem die Zucht der Reitpferde hat in den letzten Jahrzehnten stark an Bedeutung gewonnen.

Auf der Insel gibt es keinen staatlichen Körzwang. Die Dachorganisation für die Pferdezucht ist die 1899 gegründete landwirtschaftliche Genossenschaft »Búnadarfélag Islands« (BI). Diese Landwirtschaftskammer hat einen offiziellen Beauftragten für Pferdezucht – zur Zeit hat dieses Amt der in allen europäischen Ländern bekannte Thorkell Bjarnason inne. Der im Jahr 1949 gegründete Landesverband der Reitervereine »Landsamband Hestamannafélag« bildet zudem einen Zuchtausschuß. In diesem Ausschuß sind der Zuchtbeauftragte, zwei Landwirtschaftsberater und zwei besonders erfahrene und verdiente Züchter vertreten. Der Ausschuß hat beratende und vermittelnde Funktion. Landsamband Hestamannafélag und Búnadarfélag richten die jährlichen Vierteltreffen

und das alle vier Jahre stattfindende Landestreffen aus. Für dieses Landsmót, das größte Zuchtereignis auf der Insel, sucht allein der Zuchtbeauftragte des Landwirtschaftsministeriums die Pferde aus.

In Island gibt es außerdem pro Landesviertel einen Zuchtverband, in dem die Zuchtvereine und Deckgenossenschaften zusammengeschlossen sind, sowie verschiedene Privatzuchten. Zunehmend werden die Hengste von den Zuchtverbänden aufgekauft und ihren Mitgliedern jeweils für eine bestimmte Zeit zur Verfügung gestellt. Zuchtverbände und Genossenschaften tauschen die Hengste auch oft untereinander aus. Die Deckperiode läuft in der Regel von Mitte Juni bis Mitte August. Der Hengst wird in dieser Zeit in eine Stutenherde entlassen. Alle Fohlen werden ohne menschliche Einflußnahme geboren und müssen der Herde sofort folgen können.

Fast 1000 Jahre Reinzucht – und dennoch unterschiedliche Linien

Obwohl das Islandpferd durch die nahezu 1000 Jahre während Reinzucht und durch die harte Naturauslese als sehr ausgeglichene Rasse bezeichnet werden kann, unterscheiden sich die Pferde der einzelnen Gegenden Islands doch untereinander. Die andersartigen Umweltverhältnisse in den Landesteilen und die züchterische Bevorzugung eines für die Gegend besonders geeigneten Pferdetyps haben weit über Island hinaus bekannte »Zuchtlinien« entstehen lassen. Eines der berühmtesten Zuchtgebiete ist das Skagafjördur, in dem die berühmte »Stockholmur-Linie« oder die »Svadastadir-Linie« ihren Ursprung haben. Der Hauptgründer der »Svadastadir-Linie«, Palmi Jónsson (1890–1935), war der erste isländische Züchter, der die planmäßige Inzucht zu seinem Prinzip machte. Der älteste eingetragene Hengst der »Svadastadir-Linie« ist Sörli 71 frá Svadastadir. Die heute sehr bekannte »Kolkuos-Linie« und vor allem die Farbenzucht der »Kirkjubaer-Linie« gehen auf Svadastadirblut zurück.

Um 1940 wollte Eggert Jónsson fra Nautabui testen, ob der alte isländische Volksglauben, wonach die »raudblesott hestar«, die Füchse mit Blesse, die besten Reitpferde seien, auf Tatsachen beruht. Er suchte den langvergessenen Stamm der »rotblessigen« Pferde im Land zusammen und begann auf Kirkjubaer mit einer Farbenzucht. Seit 1947 ist Kirkjubaer im Besitz von Sigurdur Haraldsson, der auch heute noch fast ausschließlich Füchse mit Blesse und/oder weißer Fessel einsetzt. Sein Zuchtziel ist ein feingliedriges, schönes, williges und leistungsstarkes Pferd. 90% der Pferde, die auf Kirkjubaer geboren werden, sind Füchse mit

Abb. 32: Flossi frá Brynnum, einer der hoffnungsvollen Nachwuchshengste Islands.

Blesse, 9% haben einen Stern und 1% sind reine Füchse ohne Abzeichen. 80% aller Kirkjubaer-Pferde sind an einem oder beiden Hinterbeinen weiß gefesselt.

Im Südosten der Insel, im Gebiet Skaftafellssysla, hat sich unter dem Einfluß des alles beherrschenden Gletschers Vatnajökull ein völlig anderer Pferdetyp herausgebildet. Im Gegensatz zu den Gebieten im Nordland, die durch den Golfstrom reich und fruchtbar sind, gibt es um das Zentrum Hornafjördur überwiegend Sand- und Geröllwüsten und Gletscherhänge. Die Pferde dieser Gegend sind größer und härter als die Nordlandpferde, und es fehlt ihnen die tänzerische Leichtigkeit, die die isländischen Reiter so sehr schätzen. Dafür gibt es unzählige Sagen und Beweise um die Leistungsfähigkeit und den Leistungswillen der »Hornafjördur-Linien«. Die bekanntesten Hengste aus dem Hornafjördur sind: *Blakur 129 fra Arnanes, Skuggi 201 fra Bjarnanes, Nökkvi 260 fra Holmi* und *Svipur 385 fra Akureyri.*

Die Beurteilung eines Zuchtpferdes – das funktionale Prinzip

Bei der Beurteilung der Stuten und Hengste auf den Viertel- und dem Landestreffen sowie auf den unzähligen Körungen im Land werden Gänge und Körperteile mit Noten zwischen 5 und 10 bewertet. Schwerpunkte setzt dieses System dadurch, daß jede Note mit einem anderen Faktor in die Bewertung mit eingeht. So wird der Tölt als die wichtigste Gangart des Islandpferdes

mit dem Faktor zehn multipliziert, der Trab dagegen nur mit dem Faktor sechs (vergleiche auf dem Leitgedanken und dem Beurteilungsbogen). Insgesamt gesehen spielt die Leistung, die das Pferd bringt, eine wesentlich größere Rolle als das Exterieur. Dieses funktionale Verständnis der Pferdezucht fand auch seinen Ausdruck darin, daß die Note für das Gebäude zu 40 Prozent und die Note für die Reiteigenschaften zu 60 Prozent in die Gesamtnote einfließt.

Heute gibt es in Island sogar Bestrebungen, die funktionale Zuchtpolitik noch extremer zu betreiben und folglich das Gebäude mit nur 30 Prozent und die Reiteigenschaften zu 70 Prozent in die Gesamtnote eingehen zu lassen. Außerdem spielt man zur Zeit auch mit dem Gedanken, die Spitzenstellung des Tölts weiter auszudehnen und diese Gangart mit dem Faktor 20 zu multiplizieren.

Eine weitere entscheidende Besonderheit der Körungen in Island ist der »Reiterrichter«, der alle Pferde vom Sattel aus beurteilt und vor allem Charakter und Temperament bewertet – es gab Zeiten, da waren es sogar alle zehn Materialrichter, die sich vom Sattel aus ein Bild von einem jungen Hengst verschafften.

Im isländischen Körschema gibt es drei Körklassen: Mit einer Endnote zwischen 5,0 und 7,49 kommt ein Pferd in Körklasse 3, mit der Endnote zwischen 7,5 und 7,99 in Körklasse 2 und mit einem Endergebnis, das zwischen 8,0 und der Traumnote 10 liegt, in Körklasse 1. Bei den Körungen in Island kommt das Gros der Tiere in Körklasse 2. Endnoten, die zwischen

Abb. 33: Die Siegerstute der Sechsjährigen und älteren auf dem Landsmót 1986, Krafla 5649 frá Saudarkróki.

8,0 und 9,0 liegen, erhalten nur absolute Spitzentiere. Auf den nationalen isländischen Körungen starten die Pferde in verschiedenen Klassen: die Klasse der Vierjährigen, der Fünfjährigen und die Klasse der Sechsjährigen und älteren Pferde sowie in den Nachzuchtklassen.

Ehrenpreishengste und -stuten

Das besondere Zuchtereignis auf dem alle vier Jahre stattfindenden Landsmót ist die Beurteilung der Stuten und Hengste in den Nachzuchtklassen. Ein Hengst, von dem sechs Nachkommen einen Durchschnitt der Endnoten von über 7,9 erreichen, erhält hier einen zweiten Preis, erreichen diese sechs Nachkommen einen Durchschnitt der Endnoten von über 8,10, so erhält der Hengst einen ersten Preis. Das Traumziel eines jeden Züchters ist jedoch der Besitz eines Ehrenpreishengstes. Dafür müssen 12 Nachkommen des Hengstes vorgestellt werden, der Durchschnitt ihrer Endnoten in der Körung muß über 8,10 liegen. In Island gibt es bisher fünf Ehrenpreishengste. Es sind dies: *Sörli 653 frá Saudárkrókur* (er erreichte den Ehrenpreis auf dem Landsmót 1978), *Thattur 722 frá Kirkjubaer* und *Hrafn 802 frá Holtsmuli* erreichten den Preis auf dem Landsmót 1982, *Ofeigur 818 frá Hvanneyri* und *Nattfari 776 frá Ytra-Dalsgerdi* konnten 1986 zwölf Nachkommen mit einer

Gesamtdurchschnittsnote von über 8,10 stellen.

Ehrenpreisstuten müssen mindestens vier Nachkommen mit einem Durchschnitt der Endnoten von über 8,10 vorstellen. Berühmte Ehrenpreisstuten sind: *Hrafnhetta 3791 frá Saudárkróki, Nott 3733 frá Kröggolfsstödum, Skeifa frá Hvannery* und *Sida 2794 frá Saudárkróki.*

Der Einfluß einer Ehrenpreisstute auf die Zucht des Landes

Welch immensen Einfluß eine Ehrenpreisstute auf die isländische Zucht haben kann, soll am Beispiel der Stute *Sida 2794 frá Saudárkróki* verdeutlicht werden. Die 1952 geborene Rappscheckstute, V: *Sokki 332 frá Vallhol-*

Abb. 34: Die Sörli-Tochter Tinna begeisterte die Besucher des Landsmóts 1986. Für ihren exzellenten Tölt erhielt die Stute die FEIF-Note 9,5.

ti/M: *Ragnars-Brunka 2719 frá Saudárkróki*, bekam den Ehrenpreis auf dem Landsmót 1974 zugesprochen. Der Richterspruch lautete damals: »Die Nachkommen von *Sida 2794 frá Saudárkróki* haben auf Körungen ausgezeichnete Bewertungen erzielt. Schon heute sind fünf ihrer Nachkommen gekört in Klasse 1. Das ist einmalig und beweist, welche hervorragende Zuchtstute Sida ist. Die besonderen Vorzüge ihrer Nachkommen sind: Schönheit, Feuer, Gangveranlagung und der gute Charakter. Zuweilen treten Gebäudefehler auf, die jedoch immer durch andere Vorzüge aufgewogen werden. Sida ist ohne Zweifel die beste Zuchtstute, die in den letzten Jahren beurteilt worden ist. Sida erhält den Ehrenpreis.« (Nach einem Bericht von Petur Behrends über das Landsmót 1974.) Erkennbar wird der Einfluß der Stute jedoch erst, wenn man die Ergebnisse betrachtet, die ihre Nachkommen 12 Jahre später, auf dem Landsmót 1986, erzielten:

Sieger der vierjährigen Hengste:
Otur 1050 frá Saudárkróki

V:	Hervar 963 frá Saudárkróki
VV:	Blosi 800 frá Saudárkróki
VVV:	Sörli 653 frá Saudárkróki
VVVM:	**Sida 2794 frá Saudárkróki**
VM:	Hervör 4647 frá Saudárkróki
VMM:	**Sida 2794 frá Saudárkróki**
M:	Hrafnkatla 3526 frá Saudárkróki
MM:	**Sida 2794 frá Saudárkróki**

Siegerstute der Vierjährigen:
Ör 6477 frá Saudárkróki

M:	Hrafnhetta 3791 frá Saudárkróki
MM:	**Sida 2794 frá Saudárkróki**

Sieger der fünfjährigen Hengste:
Kjarval 1025 frá Saudárkróki

V:	Hervar 963 frá Saudárkróki (s.o.)
M:	Hrafnhetta 3791 frá Saudárkróki

Siegerstute der Fünfjährigen:
Blökk 6183 frá Efri-Bru

VV:	Gustur 923 frá Saudárkróki
VVV:	Sörli 653 frá Saudárkróki
VVVM:	**Sida 2794 frá Saudárkróki**

Siegerstute der Sechsjährigen und Älteren:
Krafla 5649 frá Saudárkróki

V:	Gustur 923 frá Saudárkróki
VV:	Sörli 653 frá Saudárkróki
VVM:	**Sida 2794 frá Saudárkróki**

Siegerstute der Stuten mit Nachzucht (Ehrenpreis):
Hrafnhetta 3791 frá Saudárkróki

M:	**Sida 2794 frá Saudárkróki**

Zweiter der Hengste mit Nachzucht (Ehrenpreis):
Nattfari frá 776 Ytra-Dalsgerdi

V:	Sörli 653 frá Saudárkróki
VM:	**Sida 2794 frá Saudárkróki**

Die ersten Schritte der Züchter auf dem Kontinent

Die Islandpferdezucht auf dem Kontinent war zunächst eine planlose Liebhaberzucht. Die »Züchter« betrieben mehr oder minder Vermehrungszucht ohne ein eindeutig erklärtes Ziel. In Deutschland wurden erste Anstrengungen, diesen Zustand zu ändern, im Jahr 1965 unternommen. Auf einer Tagung in Bonn fanden sich erstmals einige Züchter zusammen. Um die Eigenschaften, die für den Isländer typisch sind, nämlich Tölt, Paß, Winterfestigkeit, zähe Ausdauer und Genügsamkeit, nicht zu verlieren, beschlossen auch sie, in Anlehnung an Island die Pferde unter dem Sattel zu beurteilen, bevor sie zur Zucht verwendet werden sollten. Denn daß für den Erhalt von Tölt und Paß beim Gebäude einiges in Kauf genommen werden mußte, zum Beispiel die leicht abgeschrägte Kruppe, der möglicherweise etwas gesenkte Rücken oder eine Kuhhessigkeit der Hinterhand, hatte man schon damals erkannt. Da der Isländer als Reitpferd für den Erwachsenen weiter erhalten werden sollte, wurde außerdem eine bestimmte Mindestgröße festgelegt: Hengste unter 125 cm Stockmaß sollten nicht zur Zucht verwendet werden.

Zuchtorganisation in Deutschland

In Deutschland, einem Land mit staatlichem Körzwang, ist die »Arbeitsgemeinschaft der Ponyzuchtverbände« für die Islandpferde zuständig. Die Pferdezucht ist grundsätzlich Angelegenheit der Länder, die Züchter werden von dem jeweiligen Kleinpferdestammbuch des Bundeslandes, in dem sie wohnhaft sind, betreut.

Alle exportierten Pferde haben einen Originalstammbaum aus Island, der für Wallache auch genügt. Stuten müssen, wenn sie zur Zucht eingesetzt werden sollen, unter Vorlage der isländischen Papiere dem zuständigen Kleinpferdestammbuch gemeldet werden. Sie erhalten nach der Vorstellung auf einer Schau oder einem Brenntermin die Eintragung in das Zuchtbuch und den Brand. Um die fast 1000jährige Reinzucht der Rasse auch auf dem Kontinent zu erhalten, gibt es für Islandstuten kein Vorbuch. Bei der Eintragung müssen also entweder die isländischen Originalpapiere oder ein Abstammungsnachweis mit lückenlos isländischer Abstammung über drei Generationen vorgelegt werden.

Die Geburt eines Fohlens muß dem Kleinpferdestammbuch gemeldet werden. Dabei soll der Stammbaum der Elterntiere (Kopie) vorgelegt und Farbe, Geburtstermin und Geschlecht angegeben werden. Anläßlich eines Brenntermins wird das Fohlen in Augenschein genommen und gebrandt. Es erhält vom Stammbuch einen Abstammungsnachweis.

Staatliche Körung

In Deutschland dürfen bis heute nur Hengste, die von den Vertretern der staatlichen Körämter gekört wurden, decken. Bei der Körung werden die Hengste an der Hand vorgestellt. Auch ein gekörter Hengst darf erst decken, wenn er die sogenannte »Leistungsprüfung« erfolgreich abgelegt hat. Einzige Ausnahme von dieser Regel ist: Wenn ein Islandhengst dreijährig gekört wurde, muß er die Leistungsprüfung erst fünfjährig ablegen. Schafft er sie nicht, wird er abgekört. Auch Stuten können diese Mindestleistungsprüfung freiwillig ablegen.

Bei der Leistungsprüfung müssen Hengste und Stuten 300 Meter Schritt und 750 Meter Tölt in jeweils drei Minuten gehen. Danach müssen Hengste 1500 Meter Galopp in drei Minuten

Abb. 35: Stute aus deutscher Zucht im Typ des Fünfgängers: Tiefe Kruppe, nicht zu weicher Rücken, nicht zu langer, gut aufgesetzter Hals.

und Stuten 1000 Meter Galopp in zwei Minuten laufen. Die Zeit wird, wenn sie im Limit bleibt, zur Bewertung nicht herangezogen.

Anders als in Island gibt bei der staatlichen Beurteilung in Deutschland häufig das Gebäude eines Pferdes den Ausschlag für die Beurteilung. Das führt nicht selten zu erheblichen Diskrepanzen. In aller Regel hat bei den staatlichen Körungen ein anerkannter Materialrichter der IPZV eine Beraterfunktion inne. Doch auch dieser hat, da anders als bei den Beurteilungen der IPZV oder den Fachleuten in Island die Bewertung durch den Reiterrichter und der Schwerpunkt auf den Leistungsgesichtspunkt vollkommen entfällt, oft keinen leichten Stand. Bei den Körungen und den Stutenbeurteilun-

FEIF-Beurteilung

Dat. .... 19 .... in ....

Name ....   Züchter ....

Alter, Geschl. ....

Farbe ....   Besitzer ....

Vater ....

Mutter ....

Stockmaß		Bandmaß		Bedeckungen
Widerrist	cm	Brust	cm	Fohlen
Sattellage	cm	Vorderfußwurzelgelenk	cm	letztes Fohlen:
Kruppe	cm	Röhre	cm	19 ....

Leistungsprüfung   Richter

Schritt   350 m

Tölt   750 m

Galopp 1000 m

Galopp 1500 m

	Eigenschaften	Note	Faktor	Punkte	Bemerkungen
I. Gebäude	Kopf		4		
	Hals, Schulter, Brust		6		
	Oberlinie, Kruppe		6		
	Gliedmaßen, Gelenke		11		
	Hufe		5		
	Proportionen		8		
				: 40 = Note f. Gebäude	
II. Reiteigenschaften	Schritt		6		
	Trab		6		
	Tölt		10		
	Paß		8		
	Galopp		6		
	Temperament		10		
	Charakter		8		
	Form unter dem Reiter		6		

Vorläufiges rechnerisches Endergebnis   : 60 = Note f. Reiteigensch.

: 100 = Gesamtnote

Allgemeine Bemerkungen:

gen durch die Kleinpferdestammbücher werden Förderpreise in Form von Staatsprämien vergeben.

Materialbeurteilungen durch die IPZV

Unabhängig von den staatlichen Körungen beurteilt der IPZV die Zuchtpferde nach dem auf der FEIF-Delegiertenversammlung 1974 beschlossenen FEIF-Körschema, in dem verbindliche Richtlinien zur Koordinierung des gesamten europäischen Zuchtwesens niedergeschrieben wurden. In diese Materialbeurteilungen fließen, ganz nach dem isländischen Vorbild, das Gebäude mit 40% und die Reiteigenschaften mit 60% in die Gesamtnote ein. Die Grundzüge der Zuchtpferde-Beurteilung durch den IPZV sind in der IPO – Teil Zucht – festgehalten. In speziellen Kursen, denen eine Prüfung folgt, bildet der IPZV seine Materialrichter selbst aus. Entsprechend den isländischen Körklassen wurde ein Leistungs- bzw. Eliteregister geschaffen. Die in Deutschland beurteilten Stuten und Hengste sind in den sogenannten Stut- und Hengstbüchern des IPZV und im seit 1986 erscheinenden Jahrbuch Zucht festgehalten.

Zucht in Deutschland

In der Bundesrepublik gibt es etwa 400 private Islandpferdezüchter. Davon züchten etwa 20 »im großen Stil«, das heißt, auf ihren Gestüten werden pro Jahr mehr als zehn Fohlen geboren.

Der oberste Grundsatz der Zucht in der Bundesrepublik lautet ebenso wie in allen anderen FEIF-Ländern »das Pferd muß tölten können – und, wenn möglich, auch noch Paß gehen«. Die Gangveranlagung eines Zuchttieres hat also absoluten Vorrang. Im übrigen versucht man in der deutschen Zucht, sich stark an die isländischen Linien anzulehnen. Viele Züchter besuchen in regelmäßigen Abständen das Mutterland der Rasse und informieren sich über Fortschritte und Versuche, die dort angestellt wurden. Immer wieder wird versucht, wertvolles Zuchtmaterial aus Island zu importieren.

Die Islandpferdezüchter stehen in engem Kontakt miteinander. Wertvolle Zuchttiere werden gegenseitig ausgetauscht oder verliehen. Oft werden die Stuten über weite Strecken zum passenden Hengst transportiert, Anfahrtswege von mehreren hundert Kilometern sind keine Seltenheit. Zunehmend wird Wert auf Temperament und Charakter des Nachwuchses gelegt.

Auch auf dem Kontinent werden die Zuchtpferde in Herden gehalten. Eine Deckperiode beträgt vier Wochen. Die meisten Hengstbesitzer stellen die Stutenherde einige Tage vorher zusammen, bevor sie den Hengst dazu lassen, denn oft gibt es, wenn Stuten später dazukommen, viel Unruhe in der Herde.

Die meisten Fohlen kommen nachts – auf der Weide – zur Welt. Sehr selten hat ein Züchter das Glück, einmal eine Geburt beobachten zu können. Meist ist, wenn man dazukommt, schon alles vorbei. Fohlengeburten im Stall und

Abb. 36 (S. 76/77): Der Stolz jedes Züchters: die Stutenherde.

unter Aufsicht sind bei Islandpferdebesitzern absolut unüblich.

Viele Fohlen tölten vom ersten Lebenstag an. Oft lernen sie erst später zu
traben. Meist laufen die Fohlen in den
ersten Monaten nur bei der Mutter auf
der Weide. Oft sind sie und ihre Müt-
ter so scheu, daß man sie kaum anfas-
sen kann. Erst wenn sie im Spätherbst
abgesetzt (d.h. von der Mutter getrennt) und in Herden nach Geschlecht
getrennt zusammengestellt werden, ha-

ben die Fohlen erstmals Kontakt mit
dem Menschen.

Islandpferdezüchter sind bemüht,
ihre Fohlen in Herden und möglichst
wild aufwachsen zu lassen. Kleinere
Züchter tun sich oft zusammen, damit
ihre Jungtiere nicht allein aufwachsen
müssen, oder geben sie zur Aufzucht
in größere Betriebe. Mit der Gewöh-
nung an den Menschen wird meist sehr
spät begonnen.

Das Islandpferd als »spätreife« Rasse
wird in der Regel erst im vierten Lebensjahr angeritten. Dafür werden die
meisten Reitpferde sehr alt und sind
häufig mit zwanzig oder mehr Jahren
noch sehr »kernig«.

*Abb. 37: Wenige Stunden nach der Geburt,
Mutter und Kind sind wohlauf.*

Abb. 38: Erste Gehversuche.

Trotz der starken Anlehnung an das Mutterland Island versuchen die deutschen Züchter, aus dem Schatten der bislang überlegenen isländischen Kollegen herauszukommen. Ihr Ziel ist es, ein ebenso leistungsstarkes, temperamentvolles Gangpferd zu züchten und den Makel der ersten Versuche (spöttisch als »DNs« – Deutsche Nachzucht – bezeichnet, oft faule, sture Tiere mit unbedeutendem Gangvermögen) loszuwerden. Der zunehmende Anteil ausgezeichneter Eigenprodukte auf deutschen Turnieren belegt den Erfolg dieser Bemühungen.

1987 wurde erstmals ein an das isländische Vorbild »Landsmót« angelehntes »Deutsches Zuchtchampionat« abgehalten. Dort konnten vier in Deutschland zur Zucht eingesetzte Hengste aufgrund der Qualität ihrer Nachzucht – mindestens acht Nachkommen, die bei der Beurteilung durch die Richter des IPZV die Durchschnittsnote 8,0 oder höher erhielten – in die Eliteklasse eingestuft werden. Es sind dies:

Hrafn 737 frá Kröggolfsstödum
V: Hördur 591 frá Kolkuosi – M: Reykja-Brúnka 3244 frá Reykir

Stigandi 625 frá Kolkuos
V: Hördur 591 frá Kolkuosi – M: Jörp frá Kolkuosi

Fródi 784 frá Asgeirsbrekku
V: Lysingur 409 frá Vodmúlastödum – M: Blökk 3061 frá Kyljuholti

Svipur frá Ytra-Skördugili
V: Blesi 500 frá Bolstad – M: Gletta frá Ytra-Skördugili

Abb. 39: Fohlenglück auf der Weide. Stuten und Fohlen bleiben meist bis Anfang November auf der freien Weide.

Abb. 40: Stigandi frá Kolkuos, einer der vier deutschen Elitehengste.

Die Ausbildung des Islandpferdes

Ausdruck und Harmonie

Ausbildungsziel in der Islandpferdereiterei ist ein Pferd, das alle vier bzw.
fünf ihm angeborenen Gangarten
taktklar, losgelassen, ausdrucksvoll
und in guter Haltung gehen kann und
sich mit kaum sichtbaren Hilfen innerhalb weniger Meter von einer Gangart
in die andere umstellen läßt. Vom Reiter wird ein ruhiger, geschmeidiger Sitz
verlangt und eine gefühlvoll-effektive
Einwirkung auf sein Pferd. Das Paar,
Pferd und Reiter, sollte sich in jeder
Situation in Harmonie befinden.

Die »Zahmmachemänner«

In Island wird das »grobe Einbrechen«
der Pferde, das viele Reitervölker dieser Erde praktizieren, von erfahrenen
Reitern möglichst vermieden. Gerade
bei den sehr temperamentvollen Renn-
paßern kann man nämlich mit dieser
Methode das Pferd für das ganze Leben
verderben. »Zur Hebung des reiterlichen Niveaus« und zur besseren,
gründlicheren Ausbildung der Pferde
wurde in Island die »Félag Tamningamanna (Félag zu deutsch Verein, tam-
ning heißt Zähmung und madur ist der
Mann), humorvolle Übersetzung: Vereinigung der »Zahmmachemänner«,

gegründet. Die in diesem Verein zu-
sammengeschlossenen Bereiter werden
von den Reitervereinen des ganzen
Landes für jeweils einen gewissen Zeit-
raum engagiert – häufig sind es zwei
Monate –, um Pferde einzureiten. Der
Reiterverein stellt den Stall zur Verfügung, Fütterung, Stallreinigung und
Pferdepflege ist Sache der Bereiter.

*Abb. 41: Auch die Arbeit als Handpferd
gehört zur Ausbildung des jungen Isländers.*

Die Pferde, die von den Züchtern zur Station gebracht werden, sind häufig noch völlig roh. Am Ende der Ausbildungszeit findet dann eine öffentliche Vorführung statt, bei der Züchter, Besitzer, die Vereinsoberen, Gäste und andere Interessierte sich die vom Bereiter geleistete Arbeit ansehen können. Von den Besitzern der Pferde wird dann meist die Mutprobe erwartet, ihre Pferde sogleich und vor aller Augen auszuprobieren. Einen Tag vor der öffentlichen Vorführung waren jedoch die Richter der »Felag Tamningamanna« auf der Station, ließen sich die Pferde vorreiten, ritten sie selbst und haben jedem Pferd ein Zeugnis ausgestellt. Noten gibt es dabei für die Gangarten Schritt, Trab, Tölt und Galopp, für das Temperament und den Charakter. Für den Paß gibt es keine Note, sondern lediglich einen Vermerk, der besagt, ob die Gangart vorhanden ist oder nicht. Diese Bewertung wird dem Züchter ausgehändigt und gibt ihm Anhaltspunkte über die

Abb. 42: Training auf der geraden, 250 m langen Paßbahn.

Qualität seiner Zucht. Auch für den Bereiter stellen diese Zeugnisse natürlich eine Bewertung der von ihm geleisteten Arbeit dar. Oft übernehmen die erfahrenen Bereiter auch im Auftrag des Zuchtbeauftragten der Landwirtschaftskammer eine bestimmte Anzahl von Pferden, die alle vom gleichen Hengst abstammen. Der Reiter ist dann verpflichtet, ein Tagebuch zu führen. Man verspricht sich von seiner Arbeit eine wertvolle Aussage über die Vererbungskraft des Zuchthengstes. Die Züchter Islands arbeiten mit der Felag Tamningamanna eng zusammen, denn die Bereiter wissen als erste, ob sich ein Zuchtversuch gelohnt hat.

Die Hauptversammlung der F.T. hat einen Ehrenkodex verabschiedet. Vergehen gegen »gute Reitersitten« werden dort unter Strafe gestellt. Wer Mitglied in der F.T. werden will, muß dem Vorstand einen Aufnahmeantrag und Empfehlungsschreiben vom Vorsitzenden des Reitvereins, in dem er gearbeitet hat, und von zwei geprüften Bereitern der F.T. vorlegen. Bei der Aufnahmeprüfung muß der Reiter ein von ihm selbst ausgebildetes Pferd im Vier- oder Fünfgang vorstellen, er muß eine Gehorsamsprüfung und Rennpaß reiten, er sollte sich in Sachen Hufbeschlag auskennen und verschiedene Fachfragen beantworten können.

Erfahrung und Methode – Ausbildung in Deutschland

Auch in der Bundesrepublik gibt es eine Reihe von Bereitern, die sich auf die Ausbildung von Islandpferden spezialisiert haben. Die meisten von ihnen gehören zu den »Pionieren der ersten Stunde« und haben als Jugendliche die ersten Islandpferdeturniere miterlebt und mitgeritten. Durch intensiven Erfahrungsaustausch und langjährige Bekanntschaft arbeiten alle diese Reiter nach ungefähr demselben Prinzip, je-

Abb. 43: Gerade mit jungen Pferden, die sich noch in der Ausbildung befinden, sollte man sich immer wieder unter die kritischen Augen eines von der IPZV geprüften Reitlehrers wagen.

der hat sich jedoch seine eigene Methode, mit der er die besten Erfahrungen gemacht hat, zurechtgelegt. Ungemein wichtig ist es, daß auch hier, wie in Island, Reiter und Züchter eng zusammenarbeiten.

In der Regel beginnt die Arbeit für ein Islandpferd in dessen viertem Lebensjahr. Bis dahin überläßt man die Jungtiere bewußt sich selbst, um durch eine Aufzucht, die der im Ursprungsland so weit als möglich gleicht, die guten Eigenschaften der Rasse zu bewahren. Einige sehr erfahrene Züchter investieren auch schon Arbeit in Fohlen und Jungtiere, doch begibt man sich damit auf eine Gratwanderung. Wenn diese Arbeit nämlich nicht fachmännisch gemacht wird, wird den Tieren oft unbe-

Abb. 44: Und dann tölten bis ans Ende der Welt.

absichtigt der »Nerv« gezogen – sie werden apathisch, gleichgültig und stur. Gegen die Arbeit mit den Jungtieren spricht allerdings auch ein züchterischer Gesichtspunkt: Im Grunde wünscht man sich beim Islandpferd einen Charakter, der es erlaubt, mit geringem Aufwand ein Pferd »führig« zu machen. Man wünscht sich ein Pferd, das von Haus aus Respekt vor dem Menschen hat und das schnell lernt, weil es »mitdenkt«. Wenn mit den Fohlen von klein auf gearbeitet wurde, ihnen quasi alles beigebracht wurde, ist es Jahre später schwer, zu beurteilen,

welche von den gewünschten Eigenschaften sie von Natur aus mitgebracht haben – die Grenze zum Erlernten verwischt.

Grundsätzlich beginnt die Ausbildung eines Pferdes mit Führen, Putzen, Longieren und der Arbeit als Handpferd. Um den Pferden den gewünschten selbstbewußten Charakter, der ihnen die beachtlichen Leistungen möglich macht, zu erhalten, sollte der Bereiter so viel wie möglich auf die Individualität seines Pferdes eingehen. Die Arbeit sollte abwechslungsreich sein. Auch wenn man das Pferd unter dem Sattel arbeitet, dürfen die Arbeit als Handpferd und das Longieren nicht zu kurz kommen. Bevor man mit einem Pferd, das von Haus aus am liebsten trabt, das Tölten beginnt, sollte es dressurmäßig gearbeitet werden und den seitwärtstreibenden und versammelnden Schenkel annehmen.

Das durchdachteste, weil seit Jahrhunderten erprobte System der Reiterei ist die Skala der Ausbildung mit ihren Stufen: Takt – Losgelassenheit – Anlehnung – Schwung – Geraderichten – Versammlung. Die ersten drei Punkte dieser Skala, nämlich Takt, Losgelassenheit und Anlehnung, sind auch für die Ausbildung eines Islandpferdes, das im Turniersport gehen soll, unerläßlich. Für die Ausbildung als Freizeitpferd genügen die ersten beiden Schritte der Skala, Takt und Losgelassenheit.

Anhang

Literaturhinweise

Das Islandpferd –
Fachmagazin für Islandpferdezüchter und Islandpferde-Reiter. Lohrbergstr. 15a, 53604 Bad Honnef.

Islandpferde auf dem Kontinent
Herausgegeben von der Redaktion »freizeit im Sattel« in der Reihe »Das besondere Thema«.
Droste-Hülshoff-Str. 3, 53129 Bonn.

Hestur í Lífi Thjóthar
Pferdefotos 1870–1930
Herausgegeben von Anna Fjóla Gísladóttir, Ívar Gussurarson, Marietta Maissen, Petur Behrens und Max Indermaur.

Das isländische Pony
Ein Beitrag zur Abstammung, Rassenkunde und Haltung des isländischen Pferdes von Dr. Ewald Isenbügel.
Aus dem Tierzuchtinstitut der Universität Zürich 1966.

Islandpferde – Reitlehre
Leitfaden für Haltung, Ausbildung und Reiten von Islandpferden und anderen Freizeitrassen von Andrea-Katharina Rostock und Walter Feldmann, Aegidienberg 1986.

Gaedingar. Die andere Reitlehre
Islandpferde besser reiten. Von Anke Schwörer-Haag und Thomas Haag.
Franckh-Kosmos-Verlag, Stuttgart 1991.

Islandpferde
Von Pferdezucht und Pferdeschönheit. Von Tomáš Míček. Mit Texten von Hans-Jörg Schrenk.
Franckh-Kosmos-Verlag, Stuttgart 1991.

Islandpferde
von Sigurdur A. Magnússon und Ewald Isenbügel.
BLV Verlagsgesellschaft, München 1993.

Sagenhafte Islandpferde
Legenden, Geschichten und Gedichte um Islands Rosse und Reiter. Von Christiane Gohl und Hans Klüche, herausgegeben von Úlfur Friðriksson.
Franckh-Kosmos-Verlag, Stuttgart 1994.

Kontaktadressen

IPZV-Geschäftsstelle/Präsident:
Wolfgang Berg
Lohrbergstr. 15a
53604 Bad Honnef
Tel. 02224/97320

IPZV-Sportleitung:
Klaus Beuse
Am Eichelkamp 149
40723 Hilden
Tel. 02103/66769

IPZV-Zuchtleitung:
Heidi Schwörer
Schloßgasse 12
73453 Abtsgmünd
Tel. 07366/6012

IPZV-Jugendleitung:
Elisabeth Berger
Bastenhof
59909 Bestwig-Berlar
Tel. 02905/1263

IPZV-Landesverbände:
LV-Baden-Württemberg:
Richard Schwörer
Schloßgasse 12
73453 Abtsgmünd
Tel. 07366/6012

LV-Bayern:
Winfried Winnefeld
Gebrüder-Grimm-Str. 5
97645 Ostheim/Rhön
Tel. 09770/234

LV-Hamburg:
Dr. Herman Köhler
Breitestr. 5
21244 Buchholz
Tel. 04181/8048

LV-Hannover-Bremen:
Arno Grimm
Basselthof
30916 Isernhagen
Tel. 02334/3931

LV-Hessen:
Boris Karloff
Im Unterdorf 13
36325 Feldatal-Stumpfertenrod
Tel. 06645/1727

LV-Nordrhein-Westfalen:
Bernd Vith
Rödderhof
53562 St. Katharinen
Tel. 02245/2784

LV-Saar-Rheinland-Pfalz:
Werner Ditzler
Dorfstr. 14
66709 Weiskirchen-Weierweiler
Tel. 06974/1551

LV-Schleswig-Holstein:
Hanno Thomas Weiß
Fuhrenweg 10
22955 Hoisdorf
Tel. 040/28014527

LV-Weser-Ems:
Klaus Strothmann
Miguelstr. 7
49808 Lingen/Ems
Tel. 0591/4333 od. 4444

LV-Westfalen-Lippe:
Klaus Hübel
Kronenburgstr. 23
58119 Hagen
Tel. 02334/3931

Vorstand der Föderation Europäi-
scher Islandpferde-Freunde (FEIF):
Präsidentin:
Marit Jonsson
Odderdamsvej 1
DK-3400 Hillerod
Tel. 0045/42266930

Sportwart:
Tone Kolnes
Box 26
N-5540 Fördesfjorden
Tel. 0047/52773416

Zuchtwart:
Anne-Marie Quarles
Kloosterstraat 25
NL-9717 LB Groningen
Tel. 0031/50135898

Jugendwart:
Eva-Maria Gerlach
Dornkamp 13
24640 Schmalfeld

Kontaktadressen in den FEIF-
Mitgliedsländern:
Island:
Búnadarfélag Islands
Baendahöllini v/ Hagatorg
P.O. Box 7080
IS-120 Reykjavik

Landssamband Hestamannafélaga
Baendahöllin
IS-107 Reykjavik

Thorkell Bjarnason
offizieller Zuchtbeauftragter
Búnadarfélag Islands
IS-840 Laugarvatn

Belgien:
Belgisch Stamboek voor Ijslandse
Pony's
Klein Waterstraat 72
B-2230 Schilde

Dänemark:
Dansk Islandhesteforening
Stenbjergvej 11
H-Kejlstrup
DK-8410 Ronde

Bo. K. Sorensen
Legindvej 27
DK-7900 Nykobing M.

Gerd Dahms
Praestevej 38
DK-3230 Graested

Finnland (Suomi):
Finlands Islandshestförening
Suomen Islandninhevosyhdistys
Hilantie
SF-02400 Kirkkonummi

Veronika Limnell
Svarfars
SF-10350 Mjölbolsta

Acke Perander
Finnby
SF-02430 Masaby

Frankreich:
Association Française du Poney
Islandais
19 Place Homi Dunan 1
F-67000 Strasbourg

Otto Hilzensauer
Fleury
F-57420 Verny

Kanada:
Canadian Islandic Horse Federation
Susan I. Hodgson
R. R. No. 1
Palgrave, Ontario Lon 1 Po

Präsident: Robyn Hood
Box 5, Site 9, R. R. 8
Edmonton, Alberta T5L 4H8

Niederlande:
Nederlands Stamboek voor Ijslandse
Paarden
Postbus 18, Soestdijkseweg 260 Z
NL-3720 AA Bilthoven

Präsident: Marcel B. H. Schabos
de Voortmors 17
NL-7595 AA Weerselo

Melchior Janssen
Breestraat 14
NL-2311 CR-Leiden

K. Hubbeling
Bolstraat 103
NL-3581 JWV Utrecht

Norwegen:
Norsk Islandshestforening
Ambolten 24
N-3030 Kohnerud

Österreich:
Österreichische Islandpferde-
vereinigung
Trummelhofgasse 7
A-1196 Wien

Johannes Hoyos
Windhof 70
A-8102 Semriach

Prof. Norbert Schröder
Sägewerkssiedlung 5
A-2800 Wiener Neustadt

Schweden:
Svenska Islandshästföreningen
Flyliden 10
S-44303 Stenkullen

Marianne Kraft
Tveta
S-386000 Färjestaden

Margareta Eklund
Rolsta Frösunde
S-18600 Vallentuna

Schweiz:
Islandpferdevereinigung Schweiz
Geschäftsstelle und Präsidentin:
Simone Rubli
Zum Anker
CH-8262 Ramsen
Tel. 0041/5443 1560

Sportwartin:
Sylvia Dubs
Dickbuch
CH-8354 Hofstetten
Tel. 0041/5236 1005

Zuchtwartin:
Barla Barandun
Auas Sparsas
CH-7017 Flims
Tel. 0041/81 3939 29

Richten (Sport):
Ueli Heller
Winterbergstr. 8 B
CH-8804 Au
Tel. 0041/1781 3038

Jugendwartin:
Jorinde Harbeck
Friedenstr. 11
CH-8472 Ober-Ohringen
Tel. 0041/5253 4115

USA:
U.S. Federation of Islandic Horses
RFD 2. P.O. Box 19
RT 121 Brewster, N.Y. 10509, USA

Die Ländervertreter des Rennpaß-
Vereins (VRP):
Island:
Sigurbjörn Bardarson
Vatnsendabletti 57
IS-101 Reykjavík Kopavog
Tel. 00354/1/685952

Belgien:
Dirk Huybrechts
Broekstraat 53
B-3830 Wellen
Tel. 0032/12/742909

Dänemark:
Jens Iversen
Valdemar Holmersgade 40
DK-2100 Kopenhagen

Deutschland:
Horst Klinghardt
Am Staffelberg 4
53947 Nettersheim
Tel. 02440/1247

Kanada:
Janneke Faber
P.O. Box 787
Brunslake B.C.

Niederlande:
Klaas Dutilh
Vinkenkamp 9
NL-7364 CD Lieren
Tel. 0047/5765/1325

Norwegen:
Rune Svendsen
Bjorkevegen 12
N-4647 Brennasen

Österreich:
Johannes Hoyos
Windhof 70
A-8102 Semriach
Tel. 0043/3127/83 51

Schweden:
Ulf Lindgren
Storhagen
S-74024 Skyttorp

Schweiz:
Martin Heller
Aarauerstr. 2
CH-5642 Mühlau
Tel. 0041/5748 19 59

Sachregister

Island – Pferde – Reiterträume. Stimmungsvolle Aufnahmen von Island und seinen Pferden begleiten eine Auswahl der schönsten Legenden, Geschichten und Gedichte, aus denen das Bild eines einzigartigen Landes und seiner unvergleichlichen Pferde entsteht. Für alle, die Island hautnah erleben möchten, gibt es einen Serviceteil mit Insider-Tips zu Land und Leuten, Klima, Reisezeiten, Unterkünften und lohnenden Zielen.

Úlfur Fridriksson (Hrsg.)
■ **Sagenhafte**
   Islandpferde
94 Seiten, 77 Farbfotos
ISBN 3-440-06744-0

SAGENHAFTE ISLANDPFERDE

LEGENDEN, GESCHICHTEN UND GEDICHTE UM ISLANDS ROSSE UND REITER
GESAMMELT VON ÚLFUR FRIÐRIKSSON ■ FRANCKH-KOSMOS

Franckh-Kosmos · Stuttgart

Gaedingar – das Traumpferd jedes Islandpferdereiters, das in allen Gangarten harmonisch geht. Ein Stück weit Traumpferd kann jedes Pferd sein – losgelassen und zugleich imponierend in Schritt, Trab, Tölt, Galopp und Paß. Neue Wege in der Ausbildung werden hier aufgezeigt, für den Turnier- wie für den Freizeitreiter. Ziel ist die natürliche Entwicklung der Gangarten aus den Anlagen des einzelnen Pferdes. Das Ergebnis: Reiten im Einklang zwischen Reiter und Pferd.

Anke Schwörer-Haag/Thomas Haag
■ **Gaedingar – Die andere Reitlehre**
119 Seiten, 82 Abbildungen
ISBN 3-440-06312-7

Franckh-Kosmos · Stuttgart